# 湖南文化产业跨界融合研究

邓子纲 罗山 杨斌 编著

吉林大学出版社

图书在版编目(CIP)数据

湖南文化产业跨界融合研究 / 邓子纲, 罗山, 杨斌编著. — 长春：吉林大学出版社, 2020.3
ISBN 978-7-5692-6170-7

Ⅰ.①湖… Ⅱ.①邓… ②罗… ③杨… Ⅲ.①文化产业-产业发展-研究-湖南 Ⅳ.①G127.64

中国版本图书馆 CIP 数据核字(2020)第 036846 号

| 书　　名 | 湖南文化产业跨界融合研究 |
|---|---|
|  | HUNAN WENHUA CHANYE KUAJIE RONGHE YANJIU |
| 作　　者 | 邓子纲　罗　山　杨　斌　编著 |
| 策划编辑 | 李潇潇 |
| 责任编辑 | 李潇潇 |
| 责任校对 | 刘守秀 |
| 装帧设计 | 博克思文化 |
| 出版发行 | 吉林大学出版社 |
| 社　　址 | 长春市人民大街 4059 号 |
| 邮政编码 | 130021 |
| 发行电话 | 0431-89580028/29/21 |
| 网　　址 | http://www.jlup.com.cn |
| 电子邮箱 | jdcbs@jlu.edu.cn |
| 印　　刷 | 三河市华东印刷有限公司 |
| 开　　本 | 787mm×1092mm　1/16 |
| 印　　张 | 10 |
| 字　　数 | 160 千字 |
| 版　　次 | 2020 年 3 月第 1 版 |
| 印　　次 | 2020 年 3 月第 1 次 |
| 书　　号 | ISBN 978-7-5692-6170-7 |
| 定　　价 | 52.00 元 |

版权所有　翻印必究

# 目 录

第一章 互促共荣：湖南文化产业与旅游融合发展之路 …………… 1
  第一节 产业融合空间拓宽，迎来良好机遇 ………………… 2
  第二节 资源整合力度欠佳，面临不小挑战 ………………… 13
  第三节 融合发展模式创新，推进产业升级 ………………… 20

第二章 借船出海：湖南文化产业与金融融合发展之策 …………… 27
  第一节 渠道拓宽，输血功能增强 …………………………… 28
  第二节 规模偏小，融合力度有限 …………………………… 34
  第三节 平台创新，健全投融体系 …………………………… 42

第三章 内源驱动：湖南文化产业与科技融合发展之本 …………… 51
  第一节 科技重装文化方兴未艾 ……………………………… 51
  第二节 自主创新显现短板效应 ……………………………… 63
  第三节 突破瓶颈促进成果转化 ……………………………… 66

第四章 渠道裂变：长沙文化产业与网络融合发展之需 …………… 71
  第一节 "互联网+"文化春潮涌动 …………………………… 72
  第二节 融合互动价值链传输乏力 …………………………… 78
  第三节 整合产业要素，建构网络文化高地 ………………… 81

· 1 ·

- 第五章　业态创新：湖南文化产业与制造业融合发展之谋 ………… 86
  - 第一节　文化产业推进制造业转型蜕变 ………………………… 88
  - 第二节　双向融合路径选择举步维艰 …………………………… 99
  - 第三节　宏观引导，大力促进"融点"创新 …………………… 102

- 第六章　生态嵌入：湖南文化产业与农业融合发展之计 ………… 105
  - 第一节　文化产业绿色化渐成燎原之势 ………………………… 106
  - 第二节　资源整合与规模效应美中不足 ………………………… 113
  - 第三节　融合发展尚需做足生态文章 …………………………… 116

- 第七章　资源聚集：文化产业与新型城镇化融合发展之基 ……… 121
  - 第一节　推动产业升级，产业带动持续发力 …………………… 122
  - 第二节　要素流通不畅，财富涌流仍需开拓 …………………… 127
  - 第三节　拓展城镇功能，品质提升焕发活力 …………………… 131

- 第八章　凭海临风：长沙文化产业与体育产业融合发展之机 …… 137
  - 第一节　加大政策扶持，核心产业飞跃发展 …………………… 138
  - 第二节　基础相对薄弱，互动发展指数不高 …………………… 141
  - 第三节　强化创意理念，着力打造精品工程 …………………… 145

- 参考文献 …………………………………………………………… 150

# 第一章　互促共荣：湖南文化产业与旅游融合发展之路

当前，产业融合在产业经济发展中的重要性日益凸显，且对世界各国的经济和社会发展产生了深远的影响。在这一趋势下，我国旅游产业和文化产业的融合发展也开始逐步显现。在《国民经济行业分类》体系中，旅游产业和文化产业都归属于国民经济的第三产业。旅游不仅仅是一个经济活动，更是一个传递文化的载体，文化借助旅游得以广为传播和发展。游客在旅游中体验异域文化，追寻历史文化，旅游消费又成了一种文化消费。因此，文化是旅游的灵魂，只有赋予了文化内涵的旅游才能使旅游更具生命力和吸引力，才能提高旅游的品位。文化给旅游带来的这种影响力往往是无形的，但又是深刻的。缺少文化内涵的旅游，往往无法持续。

由此可见，旅游与文化虽然具有不同的属性，但实质上是一致的，且二者具有天然的"耦合性"，这就构成了文化产业和旅游产业融合发展的内在基础。旅游业所具备的天然的市场优势与文化所具备的内涵特征一旦结合，便会迸发出强大的竞争力和影响力。

改革开放以来，随着人们生活水平的不断提高，人们对于文化和旅游的消费需求越来越大，人们在旅游中，对于文化内涵的关注度越来越高，简单的走马观花式旅游逐渐失去市场，旅游中的文化体验俨然成为一种风尚，引领文化与旅游的融合发展，并逐步成为一种新型文化业态。

2009年8月，文化部和国家旅游局联合发布了《关于促进文化与旅游结合发展的指导意见》，提出了推进文化与旅游结合发展的十大措施，促进了文化产业与旅游产业的融合发展。2011年10月，党的十七届六中全会通过了《中共中央关于深化体制改革、推动文化大发展大繁荣若干重大问题的决定》，指出"要推动文化产业与旅游、体育、信息、物流、建筑等产业融合发展"，"要积极发展文化旅游，促进非物质文化遗产保护传承与旅游相结合，发挥旅游对文化消费的促进作用"。2014年8月，国务院印发的《关于促进旅游业改革发展的若干意见》提出，要更加注重文化传承创新，提升文化内涵和附加值，培育体现地方特色的旅游商品品牌。

湖南省作为旅游大省，自然资源与历史文化资源非常丰富，这些资源为推动旅游产业与文化产业融合发展提供了有利条件。近年来，湖南省委省政府非常重视文化旅游资源的开发，促进文化产业与旅游产业融合发展，释放文化旅游的潜力与活力，把文化资源大省转变为文化旅游强省，致力提升城市综合竞争力、建设具有重大国际影响力的国际文化名城和世界级旅游城市。2017年年初，湖南省委副书记、省长许达哲在全国旅游工作会议上指出，湖南将围绕建设以"锦绣潇湘"为品牌的全域旅游基地，大力培育旅游新业态，着力打造一批国内外著名景区景点和精品线路，加快推动旅游资源大省向旅游强省跨越。

## 第一节 产业融合空间拓宽，迎来良好机遇

### （一）融合态势良好，文化旅游实力不断增强

独特的自然资源、悠久的历史文化和多姿多彩的民族风情，构成了湖南文旅融合发展的基础。一方面，湖南省拥有优越的区位条件。湖南位于中国中部、长江中游，南有五岭横亘，北有八百里浩渺洞庭，东翼幕阜—罗霄山脉，西侧倚武陵山脉，湘、资、沅、澧四水迤迤逦逦，北汇洞庭。省会长沙城内岳麓山巍峨西头，湘江水穿而过，橘子洲静卧江心，浏阳河逶迤东方，

"山水洲城"巧夺天工般融为一体，为国内城市罕见。在经济区位上，湖南位于"东部沿海地区和中西部地区过渡带、长江开放经济带和沿海开放经济带结合部"，区位优势非常明显。另一方面，湖南具有数千年灿烂的文明史，出土和发现的澧县城头山古城遗址、里耶秦简、走马楼三国吴简以及凤凰古南方长城等，是湖南悠久历史的浓缩与见证。特别是长沙马王堆汉墓的发掘震惊世界，长眠其中2100多年的辛追夫人出土后仍保存完好。湖南拥有中国五岳之一的南岳衡山、中国江南三大名楼之一的岳阳楼、中国宋代四大书院之一的"千年学府"岳麓书院。湖南是中华民族始祖炎帝神农氏陵寝地（株洲市炎陵县）和中华民族人文始祖舜帝陵寝地（永州市宁远县九嶷山）。湖南还是近代100多年来中国人民求解放、争自由的革命圣地，涌现出一大批革命志士和领袖人物，留下许多革命遗迹。如新中国缔造者毛泽东家乡韶山、中国抗战胜利受降地怀化芷江等，现已成为享誉中外的旅游胜地。除此之外，湖南的湘绣文化、陶瓷文化、饮食文化等丰富的文化资源，同样具有很强的集聚效应与文化感召力。湖南独特的地理环境与在历史上的政治地位产生了极具地域特征的湖湘文化。

借助丰富的自然、文化资源和便捷的交通等资源优势，全省旅游业发展迅速，旅游业收入增幅明显，如表1-1所示。2015年湖南全省旅游总收入再创新高，达到了3712.91亿元，占全省GDP（国内生产总值）的11%，旅游对经济发展的拉动和支撑作用明显增强[①]。2017年，湖南全省旅游总收入突破7000亿元，达到了7172.6亿元，同比增长31.3%。到2018年时，更是突破了8000亿元，达到了8355.73亿元。相比中部地区其他省区，湖南省2018年旅游总收入位居第一，而2015年时，湖南省旅游总收入在中部六省中排名第四，如表1-2所示。2017年，湖南全省文化和创意产业增加值为2196亿元，占GDP比重的6.2%，文化产业稳居全国第一方阵、中西部前列。我们在看到巨大成绩的同时，也应该清楚地认识到，湖南旅游产业与文化产业融

---

① 梁兴：《湖南2015年旅游总收入3712亿元》，2016年1月22日，红网，http://hn.rednet.cn/c/2016/01/22/3894530.htm。

合发展尚不够完善，旅游产业发展未能真正运用好文化产业所提供的发展优势。因此，湖南近些年也采取了各种措施，促进文化产业与旅游产业的融合发展。

表1-1  2014—2018年湖南省旅游业收入情况

| 年份 | 旅游总收入（亿元） | 旅游收入同比增长率（%） |
| --- | --- | --- |
| 2014 | 3046.19 | 13.58 |
| 2015 | 3712.91 | 21.89 |
| 2016 | 4707.43 | 26.79 |
| 2017 | 7172.60 | 52.37 |
| 2018 | 8355.73 | 16.49 |

数据来源：《湖南统计年鉴》。

表1-2  2018年中部六省旅游收入排名情况

| 省份 | 旅游总收入（亿元） | 旅游收入同比增长率（%） | 排名 |
| --- | --- | --- | --- |
| 湖南 | 8355.73 | 16.49 | 1 |
| 江西 | 8145.10 | 26.60 | 2 |
| 河南 | 8120.21 | 20.30 | 3 |
| 安徽 | 7241 | 16.80 | 4 |
| 山西 | 6828.70 | 25.53 | 5 |
| 湖北 | 6344.33 | 15 | 6 |

数据来源：根据中部六省各省的2018年国民经济和社会发展统计公报数据整理而成。

## 1. 文旅联动，拓宽融合空间

一是以旅游市场推动文化娱乐业。将文化娱乐产品纳入旅游整体营销计划、纳入旅游线路，并使之与观光、购物相结合，形成新的旅游卖点。以长沙为例，长沙歌厅、演艺厅与旅行社进行广泛合作，与酒店、休闲场所等进行捆绑销售，市旅游局制定了旅行社地接奖励办法，以促进长沙娱乐休闲的发展，外地消费者不断增多，拉动了本地经济，增加了旅游企业收益。据抽样统计，歌厅、演艺厅等文化娱乐休闲场所，外地消费者占到60%以上，形成了文化娱乐经营者与旅行社、酒店和旅游餐饮点共赢的良性互动。二是用文化龙头企业带动旅游业。湖南广电传媒、《长沙晚报》报业集团、长沙广电集团成为媒体传播的龙头，田汉大剧院、琴岛、港岛歌厅、魅力四射酒吧、出版物交易中心、鸿发印务、万卷、弘道等成为演艺休闲的龙头。在这些龙头企业的带动下，一批有发展前景、产业特色和市场潜力的中小型企业迅速壮大，形成了大、中、小企业与旅游业共同发展共赢的格局。三是推进文化旅游项目融合发展。长沙投资建设了长沙简牍博物馆、长沙出版物交易中心、长沙三馆（长沙市博物馆、长沙市图书馆、长沙市规划展示馆）一厅（长沙市音乐厅）等重大旅游文化基础设施，改扩建了橘子洲景区、靖港古镇、杜甫江阁、雷锋纪念馆、南郊公园、岳麓山风景区、天心阁、第一师范、贾谊故居、开福寺等旅游景区，完成了新民学会旧址、船山学社等重点爱国主义教育基地的建设，推进了坡子街、开福寺、潮宗街等历史街区、街巷、历史旧宅的维护改造工程，为展示长沙文化和城市形象，提升长沙旅游休闲吸引力和凝聚度提供了重要的产品支撑。同时，将以湘江综合水利枢纽、岳麓山、橘子洲、铜官窑国家遗址公园、月亮岛文化主题公园、靖港、乔口古镇旅游度假区等为依托，进一步加强旅游项目建设与文化娱乐项目建设联合开发和融合发展。

以岳麓山文化创意产业园区为例，该园区充分利用旅游文化资源，规划文化创意产业空间布局，形成了"一圈两带五个特色街区"的发展构想。"一圈"即以岳麓山、橘子洲两大风景名胜区为核心，包括五个文化创意产业园的环岳麓山文化创意产业圈；"两带"即莲花-雨敞坪生态旅游带和湘江西岸历史文化旅游带；"五个特色街区"即麓山南路文化创意街、阜埠河路时尚创意街、金星中路国际街区、潆湾镇商业文化街区、咸嘉湖路休闲娱乐街。环岳麓山文化创意产业圈北到咸嘉湖路、金星南路和龙王港路，西边和南边靠西三环，东临湘江，包括岳麓山和橘子洲两大名胜景区，以及锦绣潇湘文化创意产业园、梅溪湖会展创意园、西湖文化园和洋湖垸湿地文化园。该区域将搭建资源聚合平台，整合营销产业品牌，进行高端化整体提质改造。区内洋湖湿地公园文化休闲区已建成开园；西湖文化园文化创意街于2013年6月建成并投入使用；梅溪湖国际文化艺术中心于2017年下半年正式投入使用；锦绣潇湘文化创意产业园文化旅游剧目《芙蓉国里》于2012年7月初正式面向游客开演；星籁、唯歌、金麦田、万达影城等一批文化娱乐项目布局金星中路中央商务区并辐射周边，一大批文化创意产业项目顺利推进。

## 2. 实施历史文化资源保护战略，改善文化旅游环境

湖南省是一个文物大省，文物古迹众多，历史人文荟萃。在湖南省城乡存在着许多极具人文底蕴和历史文化价值的古城、古街区、古镇和古村落，其中数量众多的古村镇是历史文化遗产中重要的组成部分。长期以来，由于历史的变迁和人类活动的影响，特别是在城镇化加速发展的过程中，不少珍贵的历史文化遗产遭到破坏，有的古村镇将濒临湮没。自21世纪伊始，湖南在发展旅游业的同时，就开始注重保护历史文化资源。早在2003年，湖南就开展了省级历史文化名镇（名村）评选及全国历史文化名镇（名村）评选工作。2006年，湖南省对全省历史文化名镇（村）开展全面普查，编制保护规划。截至2016年年底，湖南共有4座城市入选国家历史文化名城，还有数量众多的历史文化名镇名村。在建设现代城市的发展过程中，湖南也注意保住城市发展的文脉，留住城市的特色和个性，把历史文化名城保护作为一项重要的任务来抓，在保护历史街区和古村镇、抢救地面文物、延续历史文脉、提升城市文化品位的过程中开展了卓有成效的工作。

从2001年起，长沙市就历史文化名城保护问题开展了专题调研，并形成了三个调研报告，即《长沙市历史文化街区调查报告》《长沙地区历史文化村镇调查报告》《在长沙市区重要历史遗址设置纪念标志的报告》，这些报告对长沙市历史文化资源进行了全面的梳理与评估，并且就保护中存在的问题提出了切实可行的、操作性很强的意见。如《长沙市历史文化街区调查报告》

提出把太平街地段作为历史文化街区的保护对象，提出了保护范围和保护改造方案；《长沙地区历史文化村镇调查报告》建议把靖港镇等6镇1村作为申报历史文化名镇（村）的推荐名单；《在长沙市区重要历史遗址设置纪念标志的报告》则列出了需设立标志的遗址名单。这些议案随后便得到了逐步实施。2002年底，长沙市人大常委会对历史文化名城的保护在法律上予以确认。2004年7月，获湖南省人大常委会批准的《长沙市历史文化名城保护条例》明确了保护目标"应当突出楚汉名城、革命圣地、湖湘文化、山水洲城的人文和自然特色"。2003年9月，长沙太平街历史文化街区的保护范围在市长办公会议上予以明确。2004年7月，长沙又进一步确定了11条历史街巷和23处历史旧宅的保护名单。2004年11月，《长沙市历史文化名城保护规划（2001—2020）》和《太平街历史文化街区保护规划》通过了专家评审，与此同时，启动了化龙池、白果园等11条历史街巷和23处历史旧宅的维护。2006年，长沙启动了靖港古镇的维护和整治工程。2016年7月，《潮宗街历史文化街区保护规划》（以下简称《规划》）编制完成，依据《规划》，长沙保护了潮宗街历史文化街区的清末民初的街巷格局、民国时期的公馆和传统民居风貌、长沙市街的生活气息，充分体现街区的历史价值和文化特色。该项目于2019年年底完成，潮宗街成为继太平街后，长沙城区第二个集中体现老长沙传统人文风貌的历史文化街区。

### 3. 推进文化旅游扶贫，改善地方生态环境

从扶贫效益上来看，文化旅游扶贫业已成为湖南精准扶贫工程建设的最大亮点。近几年，湖南省委省政府非常重视文化旅游扶贫工作的推进，先后拟定出台了《湖南省旅游促进扶贫五年行动计划》等一系列政策文件。在国家公布的第一批和第二批"美丽乡村旅游扶贫重点村"名单中，湖南全省有302个村入选，其中首批扶贫点选择了7个美丽乡村贫困村由省旅游局联点建设。同时，推进"1+20"的文化旅游扶贫模式，由省旅游局直接帮扶凤凰县老洞村，并指导支持20个重点贫困县，以推进贫困地区精准扶贫工作。在2016年8月召开的第二届全国乡村旅游与旅游扶贫推进大会上，湖南共有14

个项目、扶贫规划成果、基地列入全国旅游扶贫示范项目，如表1-3所示。

表1-3　列入全国旅游扶贫示范项目的湖南项目名录

| 全国"景区带村"旅游扶贫示范项目 | 全国"能人带户"旅游扶贫示范项目 | 全国"合作社+农户"旅游扶贫示范项目 | 全国"公司+农户"旅游扶贫示范项目 | 全国旅游规划扶贫示范成果 | 中国乡村旅游创客示范基地 |
|---|---|---|---|---|---|
| 邵阳市新宁县崀山旅游区 | 石清香（吉首市坪朗村致富带头人） | 沅陵县借母溪乡乡村旅游农家乐扶贫合作社 | 溆浦县雪峰山生态文化旅游有限责任公司 | 花垣县十八洞村旅游扶贫规划 | 湖南省张家界市永定区石堰坪乡村旅游创客示范基地 |
| 永州市宁远县九嶷山舜帝陵旅游景区 | 田邦文（龙山县洗车河镇牙龙湾村村主任） | 衡东县鸿达湘莲种植专业合作社 | 江永县兰溪勾蓝瑶寨旅游开发有限公司 | 凤凰县老洞村旅游规划 | |
| 湘西永顺县老司城景区 | | 桑植县洪家关乡万宝山茶业有限公司（合作社） | | 慈利县罗潭村旅游扶贫规划 | |

从生态环境保护上来看，文化旅游融合发展在一定程度上促进了湖南生态环境的改善。近年来，湖南文化旅游在景区环境建设、生态资源保护等方面取得了不俗的成绩。其中，在2016年8月召开的全国第八届生态文化高峰论坛上，全国共有122个行政村被命名授予"全国生态文化村"称号，而湖南有6个村上榜。目前，湖南拟在全省范围内倾力打造13条文化生态旅游精品线路，以改变过去文化旅游开发无序而造成生态资源破坏严重的尴尬局面，其中在武陵山片区打造湘西地区12条精品线路，涉及53个县（市、区）452

个村寨；在罗霄山片区打造大湘东地区 1 条精品线路，涉及 13 个县 79 个村寨①。

## （二）品牌初具规模，产业融合优势显现

近年来，湖南经济呈持续快速发展的状态，居民生活水平明显提高，消费者的旅游需求不断增长，旅游正从看景点向品文化转变，良好的社会经济环境基础成为湖南建设旅游强省的重要保障。经过多年的倾心打造，湖南已形成了一批享誉海内外的湖湘文化旅游品牌。

近年来，湖南省重点扶持了洪江古商城等 11 个大湘西文化旅游产业项目，打造了《张家界·魅力湘西》《天门狐仙·新刘海砍樵》等旅游演艺精品节目，凤凰县、新宁县入选全省文化旅游产业特色县，重点开发性保护老司城、里耶古城等一批文化旅游资源，其中老司城遗址入选世界文化遗产名录，实现全省世界文化遗产零的突破，通过这一系列举措，将大湘西打造成湖南文化旅游融合发展示范区。目前，伴随"全民旅游"的纵深推进，湖南文化与旅游的融合发展走向湖南全域联动新阶段，一条串联长沙市、张家界、湘西土家族苗族自治州的"演艺走廊"逐步形成，湖南省发改委、省旅游局共同规划建设了 12 条文化旅游精品线路，并推出首批 12 个湖湘风情文化旅游小镇。另外，值得一提的是，红色旅游成为过去几年湖南文化旅游融合发展的"宠儿"和"亮点"。目前，湖南省"一个重点红色旅游区、三大红色旅游主题、五条精品线路、三十个重点红色旅游景区（点）"的红色旅游发展总体框架基本形成。湘潭被批准为全国红色旅游融合发展示范区和全国红色旅游国际合作创建区。文化旅游品牌建设也带动了餐饮业、农业等相关产业的品牌建设，如酒鬼酒股份有限公司、湖南老爹农业科技开发股份有限公司先后被列为湖南省知识产权优势培育企业。2015 年湖南文化旅游融合发展更

---

① 《专题推广十三条文化生态旅游融合发展精品线路》，湖南旅游投资网，2016 年 5 月 9 日，http://tz.hnt.gov.cn/zhuanti/daxiangxi/1287.html。

进一步，比如大湘西地区精品旅游线路和大湘西地区非物质文化遗产生产性保护项目建设，增加了旅游的文化含量；湖湘文化旅游风情小镇建设，提升了乡村旅游的品质，为实现 2015 年全省旅游总收入同比增长 21.71% 做出了贡献。文化与旅游融合的景区演艺因其填补了游客畅游山水后的精神空间而备受青睐，在城市演艺艰难前行的背景下大幅增长：《张家界·天门狐仙》2015 年门票收入 4961 万元，同比增长 13.99%；《张家界·魅力湘西》2015 年营业额 8041 万元，同比增长 23.17%；文化与旅游主题公园世界之窗 2015 年实现营业收入 1.69 亿元，同比增长约 10%，实现净利润 4456 万元，再创历史新高；等等①。

长沙作为重要的旅游目的地和全国中部旅游集散中心，其国际影响力也在迅速提升，反映出长沙城市品牌的影响力正日益增强。近年来，长沙相继荣获"中国十佳休闲宜居生态城市""2012 全国网民心中最美十大城市""中国十大文化旅游城市""全国文明城市""中国最具幸福感城市""中国国际形象最佳城市""中国十佳休闲家居生态城市"等称号。良好的消费者口碑与市场品牌形象，既是消费者对千年历史文化古城深厚积淀的认可，也将有力推动长沙文化旅游业国际影响力的提升和形象塑造。据统计，长沙的入境旅游者人数从 2001 年的 23.5 万人次增长到 2018 年的 130.37 万人次，旅游外汇收入从 2001 年的 1.35 亿美元增长到 2015 年的 7.93 亿美元，事实表明，长沙市旅游业经过多年的发展，旅游资源的品牌融合力在不断增强，产业体系在不断完善与建立。

自然景观方面，长沙城外东有大围山国家森林公园，西有沩山省级风景名胜区，北有铜官窑和靖港古镇，南有长株潭"绿心"，映衬出的是一座以绿色为基调的长沙城。还有马王堆汉墓、岳麓山橘子洲风景名胜区、湘江风光带、浏阳河风光带、花明楼、贾谊故居、天心阁、白沙井、月亮岛等具有标志性的历史文化旅游区。

---

① 《湖南 2015 年文化产业增值超 1714 亿 省管企业全面增长》，腾讯大湘网，2016 年 5 月 11 日，http://hn.qq.com/a/20160511/039968_all.htm#page1。

文化事业品牌方面,"电视湘军""出版湘军""演艺湘军""动漫湘军"已经闻名国内外,金鹰影视文化城、麓谷动漫游戏城、岳麓大学城成绩赫赫,长沙曾被评为"全国文化体制改革先进地区";天心文化产业园曾获批"国家级文化产业试验园区";"中南国家数字出版基地"也在长沙揭牌;在2012年第八届中国(深圳)国际文化产业博览交易会上,长沙捧得由国家科技部、中宣部等部委联合颁发的"全国首批国家级文化和科技融合示范基地"牌匾。

电视品牌方面,湖南卫视是中国收视率位于前列的卫星电视频道,王牌栏目脍炙人口,著名的综艺节目《快乐大本营》《天天向上》《我是歌手》《爸爸去哪儿》等也是长沙的特色节目品牌。

长沙文化娱乐业更是独具特色。虽然地处中部,长沙市休闲娱乐旅游文化产业发展一直处于全国前列,尤其是酒吧歌厅及演艺文化,更是久负盛名。并形成了一些独特的品牌,如以解放路酒吧一条街、化龙池清吧一条街、太平街历史文化街为代表的休闲娱乐场所;开辟了中国式百老汇的大剧场模式,百团汇演活动被业界称为群众文化建设的"长沙模式"。截至2014年,长沙市有演艺吧、茶吧等娱乐场所数千家,文化艺术表演剧团9个,涵盖了歌剧、舞剧、歌舞剧团、戏曲剧团和曲艺、杂技、木偶皮影团,艺术表演场馆5个,从业人员达700多人,每年演出超过2000场,全年总收入达1.2亿元;全市歌舞厅共618家,电子游戏及游戏机经营场所156家,从业人员逾万人,全年主营业务收入3.4亿元。[①] 此外,长沙洗浴休闲业的发展令人瞩目,据长沙市健康休闲行业协会统计,长沙现有大小洗浴休闲网点约1.5万家,从业人员20余万人,全行业年营业额达80亿元以上,并涌现出了一批名牌企业。

## (三)市场空间广阔,产业融合纵深推进

当前,旅游业作为一种大众化的休闲娱乐方式,已成为人们日常生活的

---

[①] 湖南省统计局和中共湖南省委宣传部联合编写:《湖南文化和创意产业发展统计概况(2013—2015)》。

一部分。发展旅游业，推广传播本国文化，并使之成为带动经济发展的重要引擎，成为许多国家的战略决策，尤其对于一些发展中国家来说，旅游业的作用更为突出。目前，我国国内旅游消费日趋旺盛，旅游业作为现代服务业，对其他产业发展的影响日益凸显，旅游与文化融合发展，引领经济社会转型发展已成为时代发展潮流，全域旅游成为各地各部门共同推进的目标。随着我国全面建成小康社会，旅游消费需求将会出现爆发式增长，这必将会对我国经济社会发展格局产生深远影响，把握这一趋势，推进旅游产业与其他产业融合纵深推进，对建设湖南旅游强省意义重大。

从市场规模上看，近几年，湖南文化旅游市场规模不断扩大，潜力较大。这主要反映在两个方面：一是湖南居民的文化旅游消费支出增幅较大，如表1-4。与经济增速下滑相比，文化旅游消费不降反升，呈现"井喷"之势，越来越成为湖南本土消费市场的"刚需"。2015年，城乡居民人均教育文化娱乐消费实现较快增长，居民人均教育文化娱乐消费2050元，同比增长16.1%，拉动消费支出增长2.1个百分点，是居民消费增长的主要动力和支撑。二是来湘游客量增量显著。据中国旅游研究院发布的《中国区域旅游发展年度报告2015—2016》，2015年湖南游客接待量超过4亿人次，位居全国第八，继续保持着国内旅游接待量的领先优势。同时，在区域旅游目的地绩效指数排名上，湖南较2014年上升了一个名次。

表1-4　2012—2014年湖南城乡居民人均文教娱乐用品及服务支出情况

| 年份 | 城镇居民人均文教娱乐用品及服务支出（元） | 农村居民人均文教娱乐用品及服务支出（元） |
| --- | --- | --- |
| 2012 | 950 | 150 |
| 2013 | 2080 | 426 |
| 2014 | 2538 | 1112 |

数据来源：根据湖南省统计局和中共湖南省委宣传部联合编写的《湖南文化和创意产业发展统计概况（2013—2015）》数据整理而成。

长沙作为省会城市，文化旅游市场虽然较火，但仍属于温热型旅游市场。2013年全市文化产业总产出约1475亿元，增加值646.5亿元，占全市GDP的8.8%。2013年长沙共接待文化旅游者3226.9万人次，实现文化旅游收入325.4亿元，占全市旅游总收入的32.3%，从占比来看，文化旅游还有很大的开发潜力。通过当前文化旅游发展态势和统计数据可以看出，长沙旅游产业仍将保持较高的增长速度，并且随着游客个性化需求的增长和新旅游景点的不断建成，长沙市文化旅游产业面临着新的机遇。海外文化旅游市场方面，长沙市已开辟多个国家和地区的旅游市场，其中日本、东南亚成为长沙文化旅游最大的客源地，统计数据显示，海外文化旅游创汇年均递增10%以上。国内文化旅游市场方面，国内游客在长沙市国内文化旅游市场中仍然占据主导地位，这也是推动长沙市文化旅游融合发展的重点工作。统计数据显示，长沙市接待的国内游客数量和收入年均递增20%以上。

## 第二节　资源整合力度欠佳，面临不小挑战

目前，湖南省文化资源优势的发掘跟不上旅游产业发展的速度，旅游产业与文化产业的融合发展仍处于初级阶段，文化旅游发展状况与国内外发达地区相比还有明显的差距。

### （一）思想观念相对滞后，融合发展缺乏引力

目前，湖南在推进文化产业与旅游产业的融合发展进程中，存在着融合的速度与深度和当前日益增长的市场需求还不完全适应的问题，文化旅游产业的持续发展理念和市场化、规模化意识有待进一步提升。从当前湖南文化旅游产业发展态势来看，与周边其他省市相比，存在一定的同质化趋向。如湖湘文化与荆楚文化存在很多相似性；红色文化方面，湖南与江西同样存在很多相似性；民族风情方面，湘西地区与贵州、广西等地也存在相当程度的

相似性。文化的相似性，对游客的吸引力自然有一定的削弱。与之相对应的，在客源地与湖南文化相差大的情况下，距离又成为现实的阻力。一般来说，目的地与客源地在文化方面存在显著差异的情况下，对客源地游客的吸引力就越强，从而形成市场需求。

同时，湖南的文化旅游业发展过程中，文化产业与旅游产业"两张皮"的现象还是比较明显。文化与旅游都是各自发展，"平行线"变为"交叉线"还有待时日。一些部门充分认识到旅游能以文化为底蕴，利用丰富的文化资源拓展旅游的发展空间，呈现不同地域的风土人情和文化特色，提升旅游的文化内涵和品位；也没有认识到文化可以借助以旅游为形式的载体得到更为广泛的传播和弘扬，实现文化的叠加放大效应。当前，很多旅游业从业人员在项目布局、产品推广方面不遗余力，却忽略了文化与旅游融合的内在逻辑，虽然各地有自己的地域文化、历史传统，但是只是简单地、生硬地嫁接文化与旅游，其结果是千篇一律，毫无特色和个性，给游客的体验感极差，无法实现情感共鸣。有些景区所宣传的"文化+旅游"只是停留在概念炒作层面，喧嚣一时之后，留下了烂尾的所谓特色的文旅小镇和门可罗雀的人造景区。因此，如何树立文化产业与旅游产业的融合意识，坚持文化旅游产业可持续发展观念，充分发挥产业发展的集聚效应，全面提升湖南文化旅游竞争力，是推进湖南文化旅游深度融合、打造文化旅游强省建设的关键问题。

## （二）深层挖掘开发不够，融合发展缺乏持续力

### 1. 文化内涵挖掘不够

推进文化旅游的深度融合，深度挖掘与开发文化旅游资源是关键。尽管湖南有着丰富的旅游资源和深厚的历史文化底蕴，但是在文化旅游的挖掘开发与市场转化方面依然是薄弱环节，文化旅游产品开发也依然停留在初级阶段。从近些年湖南文化旅游产业发展现状来看，各地在推进旅游产业发展中，依靠的是旅游场馆等旅游设施的大力建设，以及热衷于东凑西搬，举办各类

文化节。文化旅游发展缺少整体性规划，以致在文化旅游产品的设计和开发上"东一榔头，西一锤子"，无法整合当地的各类文化与旅游资源。在产品结构方面，旅游资源的开发仅仅停留在景区的建设上，忽略了文化内涵，有些景区即使意识到了文化资源的价值，但也只是简单地将之陈列出来，没有在市场化、产业化方面进行深入思考。有些景区没有深入调查和研究本地文化与旅游资源，生搬硬套，把各类不同的文化揉杂在一起，使得其产品不伦不类，品位不高，更难以形成品牌效应，导致旅游产品市场竞争力不强。在产品的呈现方式上，大多数景区呈现的是被动式观摩方式，游客的参与性极差，无法感受和体验当地的文化。

湖南厚重的历史积淀和丰富的文化遗产，为文化产业与旅游产业的融合发展提供了良好的基础，但受制于相对保守落后的经营理念和策划推广手段，致使许多极具市场价值的文化资源没有得到充分的挖掘与开发利用，依然处于"深在闺中无人识"的状态之中。以省会长沙为例，相比省内其他城市，长沙的历史文化旅游资源最为丰富，甚至在国内城市中，长沙都具备相当的优势。不过从现状看，长沙的文化旅游资源开发尚处于粗放式经营阶段。如作为我国四大书院之一的岳麓书院，其历史文化内涵不可谓不厚重，但是对于普通游客来说，在参观岳麓书院时，往往只能通过导游的一般性介绍和陈列展品的文字介绍获得简单认知，在行程较紧、门票价格相对较高的情况下，游客对书院文化的观感通常非常一般，遑论对湖湘文化的体验感。湖南省博物馆的展品享誉海内外，慕名而来的中外游客络绎不绝，但由于这些文物历史悠久，且涉及考古学、历史学等专业知识，博物馆内科技创意应用不多，展现形式相对单一，千篇一律的导游词和简单专业的文字介绍显然无法满足不同层次游客的需求，给游客带来的体验也是比较差的。文化资源作为一种附属品，在旅游产业发展中的尴尬地位，使游客无法获取文化旅游的深度体验，导致文化印象模糊，这些对湖南文化旅游市场的影响是非常明显的，进而影响了湖南文化旅游知名度。

## 2. 历史资源挖掘不够

在湖南的历史文化资源中，除了目前已开发较为成功的韶山毛主席故居、凤凰古城、宁乡市刘少奇故居、长沙市板仓杨开慧故居、长沙市岳麓书院等景点外，各地还有大量的具有旅游开发价值的历史事件和历史遗迹被忽略和闲置。以长沙为例，作为历史文化名城，长沙除了对第一师范、新民学会旧址等在中国近代史上极具影响的景点进行开发外，还有不少因缺乏实体性遗址而被忽略的历史事件。如华兴会的建立地点长沙西区保甲局巷因为文夕大火已经销声匿迹，无从追溯；被誉为影响了"半部中国近代史"的湖南维新运动时务学堂，其旧址难以恢复，更无法接待游客；现湖南省总工会院内的民国老建筑，曾是国民党湖南省党部，知道的人寥寥无几，也无人问津；位于开福区的潮宗街是近现代长沙米市的中心街区，形成长沙仅有的民国名人公馆群，这些民国建筑群也鲜为人知。长沙这些历史名人故居和历史事件所在地的资源整合与相关考据工作目前还十分缺乏，对于文化旅游市场的开发，甚至是人文历史教育的传承来说都是一种巨大的损失。省会长沙尚且如此，散落于湖南各地的历史资源的挖掘与开放更是困难重重，无法体现其价值。

## 3. 文化旅游商品开发欠缺

湖南地域广阔，自然环境迥异，在此环境下孕育了丰富的人文环境，各地极具特色的产品为旅游产业发展助力颇多。据统计，全省共有国家注册的地理标志农产品达到 105 件之多。这些既是湖南地方特色产品的代表，也是促进地方经济的有效抓手。不过从现实情况看，湖南在旅游商品的开发中依然有许多问题。首先，旅游商品从设计生产到加工包装都处于比较初级阶段。旅游商品的设计没有有效地将商品的实用性与有效性结合起来，且创意不足，许多旅游商品只是对传统民间工艺品的简单加工，商品附加值低，也无法满足游客的个性化需求。其次，在生产加工环节方面，许多旅游商品的加工工艺简单，产品质量难以保证，无法形成规模效应，且各个景区旅游商品雷同，缺乏创意，很多景区的旅游纪念品都是通过到义乌等商品批发集散市场采购而来，对游客的吸引力不够。甚至有些文化景区所展示的旅游商品与景区定位毫不相关，如在红色旅游景点陈列一些少数民族风情的商品。这些情况在湖南各地的旅游景点十分普遍，不仅无助于景区旅游经济，而且对旅游地文化品牌也是一个不小的伤害。

### 4. 文化旅游宣传有待提升

加强宣传，是文化旅游发展赖以生存和发展的重要手段。当前，湖南省文化旅游宣传无论是在投入还是在影响层面都有了显著进展，但依然存在一些问题，影响了宣传的实际效果。第一，在宣传主体方面，目前依然是以行业部门推动为主，经费不足的问题制约了宣传的广度与深度。从企业层面看，湖南省的文化旅游企业以小微企业为主，对外宣传营销能力不足，在对外营销宣传时，各自为战，缺乏整合，无法发挥集群优势，不但浪费了财力，而且削弱了湖南整体旅游形象。第二，旅游宣传中文化内涵不足。湖南省各旅游景点、景区的宣传主要还是依赖旅游公司或旅行社，其内容不外乎旅游景点的简单介绍、旅游线路的规划等，展现旅游景点历史文化与内涵不多。第三，旅游宣传整体定位不清。湖南省旅游产品的开发存在同质化趋向，各地旅游形象无法完整、系统展现，存在形象定位模糊、定位脱离实际、定位创意寥寥等问题，难以形成持久的影响力。第四，宣传方式单一。目前，湖南各地在宣传文化旅游时，主要是以新闻、摄影、摄像等形式表现，民众参与度不够，特别是能够引起民众广泛关注的、有影响力的、专业水准高的渠道少，难以引起共鸣，进而无法推进文化与旅游融合的进一步发展。

## （三）整体优势结合不力，融合缺乏拉力

### 1. 整体规划不到位，优势融合不充分

近些年，湖南文化和旅游职能部门在分别立足各自发展实际的基础上，都将促进文化旅游融合发展作为一项重要内容，在诸多部门出台的政策与文

件中予以体现。但就目前看，湖南文化与旅游全要素之间依然处于分散状态，难以形成一个有机的整体，从而不能从整体意义上表现出湖湘文化的深厚。文化旅游在空间布局和市场发展上还没有形成统一规划、统一管理、统一包装、统一运营的规模效应，文化资源与旅游事业创新融合不充分，相关旅游衍生品缺乏文化附加值，各领域、各区域相互之间缺乏深层次的合作，仍然处于一种各自为政的状态，产业链未发展成熟，集聚效应不显著，文化旅游资源的整体竞争力不强，对区域经济贡献还比较低。同时，各区域与周边相关地区的合作不够，重复建设情况时有发生。以长沙为例，长沙的湖湘文化与红色文化资源开发相对比较完整和系统，但是与周边的市、县、区没有建立联系，而这些周边的市、县、区限于资金与市场，无法将丰富的资源转化为产业动能，进而影响了湖南文化旅游整体格局的提升。

## 2. 市场客源开拓有限，产业结构有待优化

目前，湖南文化旅游产品的开发具有结构不合理、开发层次低、创新性不足、跟随需求变化进行生产的灵活性较差等问题，缺乏满足游客个性化服务的产品，旅游产品雷同，难以体现出独特的人文风情和地域文化，也缺乏利用声像、图片等现代技术开发的旅游产品，对游客的吸引力明显不够。在文化主导专业旅游线路缺少的环境下，意图通过局部地区文化旅游资源的开发，显然无法达到产业集聚发力的目的。

同时，融合发展园区的产业化水平低。近些年，在利好政策导向之下，湖南各地掀起了一波文化旅游产业园建设热潮，涌现出了长沙市天心区文化产业园、长沙市开福区滨江文化园、郴州市苏仙区飞天山旅游文化产业园、张家界市天门山国家旅游综合改革先导区等一批具有较好示范效应的文化旅游产业园区。但是在各地一哄而起建设的文化旅游产业园区中，不乏规划不合理、创意不足、特色不鲜明的园区，它们造成了资源的极大浪费和行业的恶性竞争。一些文化旅游产业园打着发展文化旅游产业之名，行的是圈地搞地产之实。而且当前许多文化旅游产业园区纯粹是依仗自然生态景观形成的门票经济来维持，并没有构建起科学的盈利模式，景区主题复杂，缺少创意，

没有形成产品品牌拉动效应，产业化程度较低。

### 3. 管理服务不完善，专业水平不高

(1) 管理服务能力有待提高

作为传承、发展、传播湖湘文化的最好载体，湖南的文化旅游只有让游客充分感知、体验，才能发挥其应有的价值。但湖南目前的文化旅游行业管理服务能力还有待提高。首先是文化旅游服务质量难以评估，影响了产业的发展。文化旅游与其他形式的旅游业有着很明显的差异，作为文化，本身就是一种个人感观极强的主观存在，但是从业人员却意图通过标准化体系去规范与评估，这种从业者与游客存在的认知偏差，制约着产业的发展进程。其次是文化旅游景点服务设施的单一影响了游客的体验感。由于文化旅游景点在专业性方面较强，因此对于一般游客来说，如果缺少生动明了的展现形式，会影响游客的体验感。湖南不少文化旅游景点都存在这种情况，如湖南省博物馆的文物展览、岳麓书院的湖湘文化展示。如何为游客提供更个性化的服务，满足游客的求知需求，是湖南文化旅游融合发展中必须充分思考并解决的问题。

(2) 文化旅游行业从业人员整体素质有待提高

伴随湖南文化与旅游融合发展速度和效益的提升，湖南对文化旅游人才的需求规模扩大了，需求层次也较以前更高了。湖南文化旅游人才的供求矛盾日益凸显，这主要反映在三个方面：首先，文化旅游人才总量不足，结构不合理，高层次人才匮乏。目前湖南直接从事文化旅游业的从业人员总量为一百多万人，占全社会从业人员的比例尚不到3%，这与文化旅游产业的"千亿产业""支柱性产业"称号是不相称的，而与湖南省旅游业"十三五"规划提出的打造万亿产业的目标和要求相距更远。另外，目前文化旅游从业人员队伍中的"三低"（低学历、低职称、低稳定性）人员较多，既懂文化又懂旅游的经营管理人才、创意人才和研究人才匮乏。其次，用人保障机制不完善，人才流失率高。由于湖南文化旅游产业整体发展水平尚处于中低端水平，环境设施建设相对滞后，因此，基层从业人员的平均收入水平较其他行

业相对较低，而且工作环境比较艰苦，再加上对基层从业人员的使用上，普遍存在重使用、轻开发，轻培训、少激励的问题，这就使得基层从业人员跳槽率、转行率大大增加。最后，人才培训工作滞后。目前，湖南省文化旅游人才培训规模不大，尚不能保证从业人员每人每年都能轮训一次。在各地开展的相关培训工作中，许多培训专业化水平偏低，内容的实践指导性不强，培训教材、课程体系及培训体系尚不能适应市场需求。而对于高层次的文化旅游人才培养工作更是缺失，相应的培训机制亟待完善。

## 第三节　融合发展模式创新，推进产业升级

当前，旅游客源市场日益多元，旅游市场规模化竞争逐渐激烈，各地都在追求和打造拥有更丰富内涵、更大魅力、更高标准的旅游产品。湖南文化资源得天独厚，如何挖掘和开发好这些资源、突破发展瓶颈，有力推进文化产业和旅游产业的深度融合、实现产业支撑社会经济发展，任重而道远，需要在思想观念、改革创新、市场开发、品牌互动、人才支撑等方面进行深入的探索和实践。

### （一）更新观念，科学规划

不管是政府还是旅游行业，都应当更新思想观念，秉承"文化为重、文化为媒、文化融合"的理念。文化为重，即文化旅游产业注重文化性的内涵和旅游形式载体相结合，以湖湘文化资源、红色文化资源、民俗文化资源等来丰富旅游产业的内容；文化为媒，即发挥文化产业作为湖南省经济发展支柱产业的优势，以文化事业与文化事业建设为重要抓手，发挥其公益性和产业性功能，推动湖南文化强省建设；文化融合，即充分借助文化产业属性、事业属性、娱乐属性开拓文化市场，进行市场运作，确立文化与旅游深度融合的发展理念，追求最大的经济效益。同时要摒弃"单向思维、反向思维、

片面思维"这三种思想。单向思维,即单方面考虑文化和旅游的产业功能和属性,只注重文化的意识形态或者只看到旅游的经济功能,不能将二者结合起来分析和实践;反向思维,即颠倒了文化产业和旅游产业的发展方向和主次,没有明确文化是主旨和实质、旅游是形式和载体的关系;片面思维,即将文化产业片面理解为只投入不产出或一次性、不可循环的传统产业,将旅游产业固化为纯粹的消费形式,不能赋予更多内涵的经济形式,就经济论经济,就文化论文化。

在对湖南文化旅游业顶层设计中,必须以党的十九大精神为指导,处理好文化与旅游资源保护与开发之间的关系,既要考虑旅游市场消费需求与时代特征,又要立足当地发展实际,以文赋能,促进湖南文化产业与旅游产业深度融合发展。在这个过程中,首先必须充分调查摸底,对湖南本地优势历史文化资源和旅游资源有一个全面的了解,做到心中有数,家底门清。在此基础上,要广泛引入历史学、考古学、文博学、社会学、经济学等方面的"智力",对优秀的湖南地方文化资源进行深入研究,探讨资源产业化的有效机制。同时,要建立运转良好的文化资源保护体制机制,注意防范个别地方或企业因利益驱使,对宝贵的文化旅游资源过度开发甚至破坏的情况出现。对文化和旅游资源的开发利用,政府部门应注意加以引导,在确保文化旅游资源得到充分保护的前提下,注重产业集聚的引领作用,打造文化旅游品牌,避免盲目、粗放、低效的开发方式,坚持走精确、高效、集约型的发展之路,确保湖南文化旅游产业可持续发展。

## (二)注重改革创新,引领产业融合

一是构建协作机制。建立和完善文化产业与旅游产业融合体制机制,是推进文化产业与旅游产业深度融合的根本保障。要从"大文化""大旅游""大市场"的角度推进全省文化旅游融合发展管理体制改革,当前湖南在文化产业与旅游产业融合发展上的"分业分区"管理格局必须破除。政府的相关职能部门应牢固树立融合意识,探索建立产品联合研发的机制,共同做好文化产业与旅游产业融合发展的空间布局和功能定位，以引导旅游、文化企业的生产经营活动的为重点，通过破除行业壁垒、放宽行业限制、提供宽松的宏观环境等方面来增强文化和旅游的活力，确保旅游的整体发展规划与当地城市文化发展规划、文物的保护规划协调一致，科学合理地开发利用各种文化资源、旅游资源，杜绝盲目开发、无序开发、低水平开发以及重复建设的出现。建议在省级层面建立统一、开放、高效的文化旅游融合发展领导机构，由省宣传文化部门牵头，旅游、税收、金融、国土、工商执法部门联合参加，组建省文化旅游融合发展领导小组，省长挂帅，小组办公室设在省文化和旅游厅（原文化厅）负责日常管理工作。在各市州也要设立由市州主要领导挂帅的文化旅游办公室，负责协调地方文化旅游融合发展工作事务。

二是确立企业主体地位。在文化与旅游产业融合过程中，应充分发挥市场对经营性文化旅游资源配置的决定性作用，大力支持有实力的社会资本、有意向的民营企业参与文化建设和旅游开发中来，对创办文化旅游业、文化会展业、文物博览业等新型企业给予适当的扶持奖励，发挥产业融合集聚效应。同时，应不断探索深化文化与旅游事业单位、文化与旅游经营性企业的体制改革，逐步建立权责明确、产权清晰、政企分开、管理科学的现代企业制度。

三是加大政府扶持力度，严格执行国家与地方政府推进文化和旅游业体制改革的相关政策，建立与旅游市场相适应的管理体制和经营机制，健全文化和旅游投入机制，顺应旅游业发展趋势，从财政投入、税收减免、用地优惠、人才培养引进等方面，增强政府支持力度，改变公共旅游资源长期分散管理经营的现状，形成科学合理的全省旅游资源开发机制。应制定出台一系列"含金量高"的财政优惠政策，根据需要设立不同内容的专项基金。目前，湖南已成立文化旅游产业投资基金，在促进产业融合方面迈出了坚实的一步，下一步，可以在此基础上，设立如"产业融合市场开发基金""融合型产品营销基金""创新性文化旅游人才引进基金""文化旅游环境改善投资基金"等①。

## （三）加强交流合作，以联合促融合

一是加大项目建设。推动重点文化旅游产业项目建设，坚持以产权为纽带，以资源整合为手段，大力培育现代旅游市场主体，重点开发大型文化旅游项目，推进和完善文物遗产类、地域文化类、艺术类、历史古迹类的主题公园的建设，创新文化传播体验方式，提升主题公园的吸引力、感染力，如长沙可以借助岳麓区西湖文化园、梅溪湖国际会展中心、沙坪湘绣产业园、天心文化创新产业园、岳麓山风景区综合整治工程、青竹湖文化创意产业园、锦绣潇湘文化创意产业园、望城铜官窑国家考古遗址公园、浏阳市国际花炮会展中心等一系列项目的建设为基础开发更多更有利于文化旅游发展的项目。

二是发展产业集群。在湖南文化旅游业的发展过程中，采用集群化融合的方式，构建以文化旅游产品为核心、文化山水高度融合的旅游产品体系，积极整合文化旅游资源、自然旅游资源和休闲旅游资源，充分发挥产业的引领作用，将文化资源融入旅游项目的开发过程中，以提升文化旅游资源的整合力、文化旅游主题的塑造力、旅游文化内涵的挖掘深度。如长沙可重点新开发和建设好沩山密印寺风景区、宁乡炭河里遗址保护工程、浏阳菊花石工艺品生产基地、铜官窑古镇、灰汤国际温泉度假区、浏阳河文化风光带等与文化联系紧密的旅游景点。

三是加强对外交流。从文化全景展示的层面来看，局部区域显然是不可能全面完整地展示历史事件的全貌或历史人物的活动轨迹；从文化旅游发展实践来看，大多数地方依靠某一个局部区域或一个县市显然是无法形成实质性竞争力的。因此，必须进行跨地区、跨时间的文化旅游资源整合。湖南的

---

① 李锋：《文化产业与旅游产业的融合与创新发展研究》，中国环境出版社，2014，第201页。

地域文化旅游就可以与周边地区的其他文化旅游，如荆楚文化、江西的红色文化等协作配合，互通互补，实现客源共享，优势叠加。本着资源共享、市场共拓的原则，提升长株潭城市群一体化发展的旅游促进作用，联合开发线路，深化湖南与长三角、珠三角等重要旅游目的地的区域合作，加强与其他省市的经济区域旅游协作，共同打造跨区精品旅游线路，加大旅游项目投资领域合作，实现旅游资源和产品的互补和共享，充分发挥旅游资源优势。长沙市作为国内会展重要城市之一，可以借助大型展会、重要文化节、艺术文化活动为平台，积极引进全国性的专业文化会展项目，大力培育本土会展品牌，激发新的文化旅游消费热点，如继续办好中国金鹰电视艺术节、长沙动漫游戏展、浏阳国际烟花节等节会，促进文化旅游核心产品的发展。

## （四）打造品牌精品，凸显地域个性

产业融合通过重组，实现了对产品的新创造，使得产品原有的价值链和产业链发生了结构性的变化，这种变化促使新产品通过品牌效应，全面提升了其市场核心竞争力。对于企业来说，打造符合产业特色的"精品"，是产业深度融合进程中必不可少的环节。只有积极投身产业融合，从中真正获取经济效益和社会效益，才是企业立足市场竞争的保障。

对于湖南文化与旅游产业来说，打造符合湖南地域特色的"精品"，同样非常重要。首先，深挖湖南地域文化内涵，打造特色文化旅游品牌产品和精品旅游线路。伴随着湖南文化与旅游产业融合的不断推进，新的文化旅游产品应运而生，特色文化旅游产品不但成为市场的需要，更是产业融合发展的必然要求。要把握好旅游经济与地域文化的互融互动关系，重视对本土文化资源的挖掘、盘活与利用，从湖南独特的楚汉文化、湖湘文化、红色文化资源中汲取养料，以湖南独特的旅游资源和形象为纽带，发掘和提炼湖南本土文化的主题，构建主题性较强、有文化特色的旅游线路，既能增强旅游地的核心竞争力，又可以促进旅游产业提质升级。例如，长沙可以打造湖湘文化大观游、现代城市风光游、综艺电视娱乐游、山水烟花主题游、创意文化游、名人故里游、寻根祭祖游、民族民俗风情游等主题精品旅游线路。其次，打造文化旅游名片，以湖湘文化为核心，以特色标志性景观群与历史文化底蕴为主线，使城市旅游文化内涵充分体现到提高城市文化旅游品位与知名度上。最后，提升旅游产品文化附加值，根据游客需要的变化和市场的发展趋势，将旅游文化内涵挖掘与旅游产品开发有机结合起来。根据湖南的实际情况，针对不同游客的需求，兼顾地方特色与国际化新趋势，强化文化旅游产品的创新与包装，推出多层次、多方位的精品旅游线路，提升旅游产品的附加值，以点带面促进湖南文化旅游品牌影响力的提升。

## （五）提升行业素养，强化融合支撑

文化旅游产业发展与行业人才队伍建设存在相互促进、相互依托的关系，加强人才队伍建设、提升文化旅游行业整体素养，将极大地促进湖南文化旅游产业跨越式发展。一是培养和引进文化旅游行业新人才，吸纳国内外在湖南文化研究方面的人才和旅游行业的专业人才，抢占文化旅游工作制高点，建立领军人物、拔尖人才跟踪机制，以政府为主导，以企业、高校和行业协会等共同参与的培养、培训机制，对不同层次文化产业人才开展各类培训，特别是本土文化与旅游融合相关知识的培训，促进产、学、研互动和深度合作，支持文化行业人才与民间文化人才的流动，以缓解文化旅游行业人才紧缺的局面，增加湖南文化旅游人才队伍的活力和文化旅游产业发展工作的后劲。二是提升行业服务管理水平，建立良好的文化旅游企业文化，不管是传统旅游企业开展文化旅游项目的，还是新兴的专业从事文化旅游项目的旅游企业，首先都要在内建立相互信任、团结合作的氛围，增强企业内部凝聚力，在外激发旅游行业正能量，传递更主动、更优质的旅游服务。

# 第二章 借船出海：湖南文化产业与金融融合发展之策

资本驱动对于任何一个产业的发展来说，都是必不可少的，没有了资本支撑的产业，就如同"无源之水，无本之木"。文化旅游产业是一个高投入、高产出的产业，只有在源源不断的资本支持下才能成长和壮大。对于文化旅游经营性企业来说，多元健康的融资渠道是企业健康发展的根本保障。金融作为现代经济发展中最活跃的因素，一旦与其他产业实现有效结合，必然会发生强大的杠杆效应。促成文化产业与金融业的"联姻"，实现文化产业在金融业的最大资源配置和金融支持文化产业发展的最大价值，是产业发展的必然要求，也是内在要求。

对于文化产业来说，文化金融是核心生态，良好的文化金融生态是文化产业走向成熟的标志。在现代企业制度之下，金融深度介入文化产品的生产、流通、消费等各个环节，并逐渐推动形成文化金融体系。在这一过程中，文化产业为金融的深度介入提供基础性的资本载体和价值载体，金融产业发挥资本的导向和支撑作用，促使文化产业有效配置资源，优化经济结构，由此推动文化产业健康可持续发展。

据统计，"十二五"期间，湖南省文化和创意产业增加值6565亿元，是"十一五"期间的2.35倍，年均增长速度更是达到了15.6%。2015年，湖南省文化和创意产业实现增加值1707.18亿元，占GDP的比重达5.9%，比

2012年提高了0.6%①。文化产业已成为湖南省战略性新兴支柱产业,并进入全国第一方阵,根据中国文化产业发展指数报告,湖南省连续三年进入全国文化产业发展十强,在中西部省(市、区)中排名第一。截至2015年年底,全省拥有文化产业法人单位近40000家,其中规模以上文化产业法人单位2325家,中小微文化企业占比90%以上②。湖南省文化产业的快速发展离不开各种信贷、文化产业投资基金、文化企业上市直接融资等金融的支持。

## 第一节 渠道拓宽,输血功能增强

### (一)投融资体系初步建成,融合发展渠道拓宽

发展文化产业,资金是软肋。文化产业的投入周期长,回报不确定因素多,并且中小微企业居多,不论直接融资还是间接融资,在很长一段时间都不是金融机构的"宠儿"。

鉴于此,2010年3月,中国人民银行、财政部、文化部等九部门印发了《关于金融支持文化产业振兴和发展繁荣的指导意见》,该意见明确了金融支持文化产业的重要意义,并就金融如何支持文化产业发展提出了具体要求。党的十八届三中全会进一步明确提出"鼓励金融资本、社会资本、文化资源相结合",将文化金融融合纳入全面深化改革的总体格局,为文化金融合作发展指明了方向。2014年,文化部、中国人民银行和财政部联合印发《关于深入推进文化金融合作的意见》,对文化金融合作进行了制度安排。

---

① 蔡冬娥、肖首雄:《湖南"十二五"文化和创意产业发展情况分析》,《决策咨询》第47期,湖南省统计信息网,http://www.hntj.gov.cn/tjfx/jczx_3462/2016jczx/201607/t20160727_615302.html。

② 杨洲、田野:《2015年湖南文化和创意产业增加值约1668亿元》,红网,http://hn.rednet.cn/c/2015/12/11/3861889.htm。

近年来，随着一系列金融服务文化相关政策的出台与落地，湖南省逐步构建了多层次、多领域、差别化的金融服务文化的市场体系。

第一，建立文化产业引导资金，引导激励。湖南省充分发挥财政政策引导的示范作用和带动作用，省、市、县三级文化产业引导资金总规模超过3.5亿元。湖南于2008年设立了省文化产业引导资金，实现了省级层面文化产业引导资金从无到有，并在制度层面对经费予以保障，确保资金逐年增加，到2014年时，湖南省文化产业引导规模已达到1.6亿元。随后，湖南又出台并修订《湖南省文化产业引导资金管理办法》，采取贷款贴息、资金补助、投资参股等方式拉动资金，杜绝切块，扶持重点板块。2016年，湖南省获得中央文化产业发展专项资金1.988亿元，其中重大项目获得支持资金9980万元；88个文化项目共获得文化产业发展专项资金支持4980万元[①]。目前，湖南全省14个市、州均设立了文化产业引导资金，专门用于支持各地文化产业发展，其中长沙市文化产业引导资金规模更是突破了1亿元。与此同时，部分县（市、区）也逐步设立了本级文化产业引导资金，县（市、区）文化产业发展最大的金融短板也在逐步补齐。

第二，成立文化产业投资基金，进行风险补偿。2010年，湖南省成立了总规模30亿元的文化旅游产业投资基金，目前募集到位资金超过18亿元。该基金的省属国有机构出资比例占七成，由专业机构进行日常管理，遵从"市场化运作、专业化管理"原则，作为政策性资金支持的补充，为湖南文化企业的发展提供了良好的金融服务支持，助力全省文化产业发展。其他一些专业机构，如湖南高新创投、湘江招商、中联传怡、湖南富坤文化投资基金、炎帝基金等也参与到湖南文化投资领域。

第三，成立文化专业担保公司。作为湖南第一家致力于服务中小文化企业的信用担保公司——湖南省文化旅游担保投资有限公司，撬动社会资本参与文化投资，注册资本1亿元。该公司挂牌开业半年多，即受理立项文化产

---

① 贺华珍、陈清：《"十三五"开局之年湖南文化工作 足音铿锵 亮点纷呈》，湖南省文化厅宣传信息中心，http：//www.hnswht.gov.cn/new/whgj/whyw/content_103877.html。

业项目 31 个，会审通过及放款项目 16 个，金额 1.6 亿元，通过银行发放委托贷款 5000 万元。截至 2016 年年底，该公司已累计为小微文化旅游企业担保近 7 亿元①。

第四，规范文化产权交易所，加强价值评估。文化产权交易所有利于文化资产要素的流动，有利于规范无形资产价值的评估，进而推动文化产权交易、融资并购、创意成果转化。例如，联合利国文化产权交易所、湖南文化艺术品产权交易所两家文交所通过清理整顿，业务开展顺利。

第五，成立文化专营银行，提供专业服务。湖南省成立了一批以特色化运行为主要特征的文化金融专营机构、特色支行。北京银行于 2009 年进入长沙，积极进军文化创意产业，在湖南率先推出了"创意贷"特色品牌，开辟了中小文化企业信贷绿色通道，在人员配备、内部考核、产品供给等方面不断细化差异化管理模式，让"北京模式"在长沙开花结果。长沙银行设立文化产业专营支行，打造专业服务团队为文化企业服务。目前，湖南省有一大批金融机构与文化企业、行业主管部门牵手合作，建立密切关系，提供"一对一"的全方位金融服务，取得了较好的效果。如农业银行与湖南省文化与旅游厅（原文化厅）、交通银行与湖南省新闻出版局、建设银行与中南传媒、招商银行与长沙市文产办等签署了战略合作协议。

## （二）以机制营造金融支持，融合发展环境趋好

文化和金融的对接是双向需求和选择的必然结果。湖南着力完善顶层设计，以机制促进金融支持文化发展，形成良好的发展环境，不断完善多方参与、互惠共赢为基础的文化金融合作机制。

第一，政府引导，转变职能。2009 年 7 月，湖南省委宣传部、中国人民银行长沙中心支行联合 5 个部门出台了《关于进一步加大金融支持力度推动

---

① 郭志强：《湖南：金融资本助力文化产业 迈向融合发展》，红网，http：//hn.rednet.cn/c/2016/12/21/4170256.htm。

文化产业加快发展的指导意见》，从进一步突出金融支持、切实加大银行机构金融服务力度、大力推动文化产业直接融资、建立健全配套政策体系四个方面，提出了16项具体措施，为突破文化产业融资瓶颈，增强文化企业发展后劲，改善文化发展的金融环境进行了有益探索。其被业内称为"金融服务文化产业的16条"，比国家九部委出台的金融支持文化产业的"二十条"（《关于金融支持文化产业振兴和发展繁荣的指导意见》）早了将近一年的时间。同时，湖南省积极对接中央政策落地，全省连续两年争取国家资金进入全国前三，共有275家转企改制文化单位争取国家税收优惠政策，减免所得税金额约3.2亿元。

作为全省文化产业与金融业集中分布区，长沙积极出台并实施了一系列推进文化产业发展的规划、政策。2014年年初，长沙市发布了《长沙市文化产业加快转型创新发展实施产业倍增五年计划》，该计划提出，要将长沙打造成为继环渤海湾文化创意产业圈、"长三角"文化创意产业圈、"珠三角"文化创意产业圈之后的又一文化创意产业增长极。2015年1月，长沙召开的市政府常务会议审议并原则性通过了《长沙市加快推进文化创意和设计服务与相关产业融合发展行动计划（2015—2017年）（送审稿）》，明确将加快长沙文化创意和设计服务等新型、高端服务业发展，推进与相关产业深度融合，扩大影视传媒、数字出版、移动娱乐等主导产业优势，打造特色鲜明、竞争力强的文化创意产业体系。《长沙市国民经济和社会发展第十三个五年规划》中强调要"推动文化与科技、金融、旅游深度融合，做强一批文化产业园区和文化产业基地，推动创意设计、动漫游戏、影视传媒等优势产业发展壮大。推动文化企业跨地区跨行业跨所有制兼并重组，提高文化产业规模化、集约化、专业化发展水平。吸引和聚集全球创意资源，鼓励本土文化创意企业走出去"。

第二，规划先行，创新路径。2012年，《湖南省文化产业系统性融资规划（2011—2020）》编制完成，该规划由湖南省委宣传部与国家开发银行湖南省分行联合编制。作为国内第一部省级区域文化产业融资规划，针对湖南省文化产业发展中面临的资金缺口和融资瓶颈，科学预测了未来十年湖南省文化产业资金的供给与需求。该规划针对不同类型的文化企业设计了相应的融资模式，并提出了"市场化融资为主，财政资金、信贷资金、资本市场融资和域外融资多种渠道有机结合"的融资构想，在制度安排上，系统地为湖南省文化产业发展与繁荣提供融资保障。根据测算，2011—2020年湖南文化产业投资需求呈上升趋势，"十二五"期间约5900亿元，年均投资1180亿元，年均增速20%；"十三五"期间约12300亿元，年均投资2460亿元，年均增速14%。2011—2020年，湖南文化产业投资需求总量约18200亿元。对于基本资金供给，2011—2020年，湖南文化产业资金总供给基本值约11200亿元，其中：财政资金约770亿元，占比7%；信贷资金约1800亿元，占比16%；域外资金约1140亿元，占比10%；资本市场融资（含股票、债券、基金融资）约320亿元，占比3%；自筹资金约7170亿元，占比64%。之后湖南省又发布了《大湘西文化旅游融合发展融资规划（2013—2023）》，助力大湘西文化旅游融合发展。在《湖南省"十三五"时期文化改革发展规划纲要》中，明确指出要促进文化产业与金融融合发展。该纲要提出："积极培育资本市场，重点推进华声在线、体坛传媒、中广天择、华凯创意等文化企业上市。积极促进金融资本、社会资本和文化资源的对接，主动搭建融资平台，完善金融配套服务体系，着力突破文化产业融资障碍，切实为文化企业解决'融资难'问题。充分发挥投资拉动作用，鼓励引导社会资本进入文化产业，鼓励金融机构积极开发适合文化产业的信贷产品，建立健全多元化、多层次、多渠道的文化产业投融资体系。"

第三，多方参与，互利共赢。中小企业融资难是一个普遍问题，中小文化企业也不例外。文化企业资产结构有"轻资产"的特性，如体量小、品质弱、融资难。据调查，目前仅长沙市就有文化产业单位61670家（含个体户），其中绝大多数文化企业属小微企业。为解决文化产业融资难的问题，湖南通过深圳文博会等重大活动平台招商引资，吸引国内外各方资金来湘投资兴业发展。举办湖南文化产业推介暨"资本点亮梦想"大湘西文化旅游融合发展推介会、《湖南文化品牌40强》发布会等主题活动，推介最新湖南文化产业投融资项目情况，2016年深圳文博会湖南签约资金约218亿元，涉及长沙、湘西、株洲、常德等多个市、州。2016年"沪洽周"期间，召开湖南文化创意产业发展招商恳谈会，邀请各界人士为湖南文化产业发展献计献策、到湖南投资兴业。

第四，专业跟进，打通行业。加大宣传力度，让文化企业加强金融知识学习，增进文化企业对金融政策的了解。文化企业前身多为事业单位属性，通过转企改制成为新的市场主体，需补充金融专业知识。目前，湖南通过举办两期文化企业融资和上市高级研修班、湖南动漫高级人才研究生班等系列培训班和讲座，已打通行业壁垒。

## （三）融资模式灵活创新，融合发展动力增强

相比其他产业，文化产业具有"轻资产、重创意"的特性。前期投资大、回报周期长、质押物少、不确定性较大等共性问题，导致文化经营企业普遍存在融资难的困境。近年来，在湖南省有关政策和资金引导的利好环境之下，全省金融机构在探索适合文化创意产业的融资产品和融资模式方面做了不少工作，股权质押、知识产权质押等更加灵活创新的产品和服务陆续推出，为文化创意产业提供了一汪清泉。2010年，湖南省筹集30亿元资金设立了文化旅游产业投资基金，由专业投资机构进行日常管理，省内重点文化企业和文化创意产业项目是该基金的投资目标。2010年以来，快乐购先后获得绵阳基金（产业投资基金）、红杉资本（风险投资基金）和联想弘毅（并购投资基金）资金投入，达3.3亿元，用于支持企业发展。由湖南省广播电视产业中心发起设立的达晨创投公司，专门从事文化传媒企业的创业投资和股权投资业务，已投资了同洲电子、拓维信息等多家文化企业。2013年，中南传媒获批组建全国首家文化企业集团财务公司，为企业集团加强资金管理搭建了平台，也开辟了文化创意产业领域产融结合的新路径。

在融资产品方面，各投资主体根据实际情况推出了不同的产品。如湖南股权交易所推出了直接融资产品"定增易"和"私募债"，间接融资产品"股银通"和"股保通"，可为文化企业提供融资服务。北京银行长沙分行推

出了"创意贷"文化金融品牌，累计为 310 余户文创类小微企业提供金融支持，授信金额超过 30 亿元。国家开发银行湖南省分行以"基金投资+银行贷款"模式，一次性成功解决了武陵山片区文化旅游基础项目资金本金和银行融资两大问题。交通银行湖南省分行采用项目制方式，通过与行业协会合作的模式，批量上报，批量审批，已经给予近 20 家企业共 5000 余万元的授信额度。

## 第二节 规模偏小，融合力度有限

从湖南文化产业发展实际，以及与金融资本的融合发展态势来看，尽管职能部门在制度安排，金融机构在产品创新方面做了不少工作，但由于湖南文化产业受制于体量小、竞争力弱等问题，导致制约湖南省文化产业发展的瓶颈没有彻底消除，文化产业与金融产业融合发展之路任重而道远。

### （一）政策支撑不足，融合发展缺乏拉力

1. 金融支持总量和结构欠佳

相较于文化创意产业增加值在 GDP 中所占比重以及其发展的增速而言，金融支持力度不够，产业的资金供需矛盾突出。2011—2015 年，湖南省 GDP 年均增幅达 10.5%，高于全国年均增幅 2.7 个百分点，而湖南省文化和创意产业增加值年均增长 15.6%，高出同期经济现价增长速度 3.1 个百分点[①]。"十二五"期间，长沙市 GDP 平均增速为 12.0%，而长沙市文化创意产业增加值的平均增长速度保持在 15% 以上，高于 GDP 平均增速 3 个百分点。因而，金融支持总量规模无法匹配湖南省文化创意产业的发展规模，金融支持

---

① 根据湖南省统计信息网披露的数据整理而成。

速度跟不上湖南省文化创意产业的发展速度，这种供需矛盾严重制约了湖南省文化创意产业的发展。

第一，从财政资金的支持上看，湖南省 2016 年全年一般预算支出中用于文化体育与传媒产业的共计 27.6 亿元，仅占全部公共财政预算支出的 1%。以省会长沙为例，2014 年该市全年一般预算支出中用于文化体育与传媒产业的共计 11.1 亿元，占全部公共财政预算支出的 1.39%，较上年回落 0.07 个百分点。与中部六省省会城市相比，全市文化体育与传媒支出占公共财政预算支出的比重仅高于合肥和南昌，分别比郑州、太原和武汉（2013 年数据）低 0.16、0.43 和 0.43 个百分点；与其他先进城市相比，分别比西安、深圳、杭州（2013 年数据）和北京（2013 年数据）低 0.57、1.22、1.22 和 2.32 个百分点[1]。通过比较可以看出，长沙市财政资金对文化创意产业发展的支持力度在中部省会城市中并不大，而且增幅有放缓趋势。省会城市尚且如此，湖南其他财政相对偏弱的地方更难以支持文化产业发展。

第二，从文化创意产业的金融支持结构上看，当前湖南金融支持的文化产业领域，依然主要集中在现代传媒、广播电视、出版发行等湖南具有比较优势的传统文化领域，而一些新兴业态，如互联网平台、现代信息技术设备制造、互联网信息服务、数字内容设计与制作等，亟须金融支持却无法获取。据初步调查数据，以广播影视为核心的湖南传统文化创意产业获得了文化创意产业借款总额的 80%左右，且主要集中在大型国家文化企业机构，中小微新型文化创意企业难以获得金融支持。由于文化创意的"轻资产"属性，即便少数符合信贷政策的企业，在申请金融支持时，金融机构往往比较谨慎，导致企业申请金融支持手续复杂、审批时间较长，导致企业金融成本增加，影响企业进一步发展。

第三，金融支持方式单一。当前，湖南省文化创意产业的融资结构比较简单，除政府投资之外，产业发展的资金来源基本上来自银行的信贷投入，直接融资渠道窄，间接融资占比高，缺少多元化的投融资渠道，资本市场发

---

[1] 以上数据由各省市的国民经济和社会发展统计公报数据整理而成。

展不充分。以湖南5家上市文化企业为例,数据显示,湖南全省上市文化企业占境内上市文化企业总数的14.3%左右。2000年上市的电广传媒、2008年上市的拓维信息、2010年上市的天舟文化、2010年上市的中南传媒首次公开发行募股筹资总额分别为4.59亿元、3.074亿元、4.1572亿元和42.4268亿元,其中天舟文化在2013年连续两次增资扩股,融资额分别为2.5亿元和8.918亿元;电广传媒在2012年和2013年两次增资扩股筹资额为14.106亿元和52.972亿元。这4家湖南上市文化企业都是通过股票直接进行融资,并没有尝试通过债券渠道进行融资。通过近几年这4家上市文化企业披露的财务报表来看,2009—2012年,这4家企业从金融机构借款取得的现金分别为电广传媒92.6533亿元、拓维信息3.1亿元、天舟文化0元和中南传媒9.075亿元,间接融资比例较大①。由此看来,湖南省这几家上市的文化企业尚可通过股权融资,其他文化创意企业在无法通过股权融资的环境下,意图通过债券融资方式获得资本投入的难度更大。

### 2. 政府投入占比较高,民间资本少

与文化事业不同,文化产业本质上是一种市场经济行为,而在文化资源的配置过程中,市场存在一定的盲目性和滞后性,政府对文化产业的引导与介入也是非常必要的。从当前湖南文化创意产业发展实际来看,中小微企业占绝大多数,没有形成规模效应,通过债券和股权融资困难重重。且文化创意产业轻资产多,固定资产少,金融评估体系中处于弱势地位,难以获得银行信贷支持。加上湖南省人口多,财政收支不平衡,尽管近年来湖南省各级政府加大了对文化产业的资金支持力度,尤其是"文化强省"战略的强力推进,文化产业发展提到了一定的高度,但各种相关数据表明,公共文化产业投入在湖南省投资体系中所占的比重仍然偏低。

近些年来,湖南省在探索文化企业体制机制改革方面着力颇多,也出台

---

① 以上数据来源于电广传媒、拓维信息、天舟文化和中南传媒四家企业对外公开发布的信息。

了一系列政策，如2011年湖南省委办公厅、湖南省人民政府办公厅联合印发的《关于支持经营性文化事业单位转企改制和文化企业发展的若干政策》，从财政税收、文化企业投融资、文化产业发展用地等六个方面提出了支持文化企业特别是转制文化企业的政策措施；2014年出台的《湖南省深化文化体制改革实施方案》突出了"融合思维"，鼓励文化产业与金融产业等相关产业融合发展。但在实践中，效果并不是十分明显，比如在体制机制尚未完全理顺的情况下，产权不清晰、经营机制僵化的问题依然存在，政府的投入依然主要集中在少数具有高度垄断性资源的国有文化企业之中。有了政府投入的支持，这些国有文化企业运营水平却没有达到相应的水平，资源使用效率低，造成一定的资源浪费。而社会资本对文化产业的资源使用质量和企业发展前景考量更多，经营水平差、效率不高的文化企业自然无法获得社会资本的青睐，这就造成了体量大的国有文化企业占据着丰富的资源却效率低下的情况，而真正需要资源的广大中小微文化企业又得不到政府和社会资本支持的尴尬境地。

从地方经济发展来看，由于文化产业投资周期长、前期投资大、后期收益慢的特点，使得湖南各地在招商引资时，往往有一定的倾向性，投资多、收益快，见效显著的产业、企业成为地方政府的首选。在全省推进"文化强省"发展战略的环境下，各地对文化产业发展有了一定的认知，但这种认知转化为实践与动力，并形成新的发展动能，尚有待时日。在这种情况下，各地金融机构对文化产业发展也多持观望态度，难有实质性的操作。

### 3. 税收支持力度不够

第一，税收负担仍然较重。例如，我国目前出版行业中图书销售的增值税税率为13%，这个税率与文化产业发达国家或地区相比，明显高出不少。一些特殊的文化产品，诸如图书资料、影视音像等，在销售中存在消费者经常退货的可能性，这些在政策安排上并没有给予相应的考量，以至于缴税再退税的现象在这些文化经营企业中较为常见，这样就导致文化经营企业的部分周转资金被税收支出部分长期或者暂时占用，文化经营企业的流动性压力增大。

第二，重复征税的现象依然存在。根据当前的政策，中国对于在境内所销售的文化产品，一律征收增值税。然而，文化产业及其产品又存在一定的特殊性，智力创意和知识转化在文化产业及其产品中体现得非常明显，这样一来，文化产业中的"轻资产"也成为有别于其他产业的重要特征，知识产权、品牌价值这些无形资产构成了文化产业和文化企业资产最核心的要素。在市场经济活动中，这些"轻资产"在文化产业和文化企业的成本中占据了相当高的比例，但这部分成本，在企业申报税收收入时并不能进行抵扣，如版权交易与著者稿酬、剧本创作、筹划创意等在当前的政策体系之下，无法进行增值税进项税额抵扣。

第三，税收优惠力度不够。目前，中小微企业构成了我国市场经济活动的主体，这些企业以相对灵活的经营机制和强烈的探索精神，对市场行为反应更为敏感，成长性也更好。这些中小微企业除了经济方面的巨大贡献，在解决就业、维护社会稳定等方面更是发挥了不可替代的作用。在湖南省目前的文化市场中，许多富有生机、表现出很强市场活力的文化企业都是以小微企业纳税人的身份出现的，而它们也一般被认定为小规模纳税人。这种企业的身份使得它们在购进固定资产时，无法享受"增值税转型"所带来的税收实惠，造成中小型文化企业税负更重。

第四，高端文化产业发展的税收政策缺乏。当前，湖南高端文化产业发展尚处于起步阶段，但是在某些领域，比如数字内容产业、动漫游戏产业、传媒影视融合发展、文化创意设计等有一定的基础，并出现了较好的发展态势。作为湖南省着力扶持的这些高端、前沿性文化产业，目前并没有针对性的税收优惠政策，这将影响湖南高端前沿性文化产业国内国际竞争力的提升。

## （二）文化产业资本价值不确定，融合发展缺少动力

第一，作为文化经营活动的主体，湖南省中小文化企业体量小，在金融支持体系中处于弱势地位。这种弱势地位也反映了中小文化企业存在的客观

问题，比如相比大型文化企业，湖南省大部分中小微企业产权结构不清晰，信用信息难以获取，且这些中小微企业大多没有建立现代企业制度，企业财务不明晰，金融机构无法对其进行有效监督。加上这些中小微企业有形资产少，以无形资产作抵押向金融机构申请资金支持时比较困难。金融机构出于风险管控考虑，对于这些中小微文化企业的融资需求往往慎之又慎，这样就极大限制了金融机构对文化产业发展资金的投放力度。虽然湖南也设立了文化创意产业发展专项资金，但"僧多粥少"，有限的产业发展资金也是多投向于国有文化企业经营单位，广大受困于资金短缺但又极富发展潜力的中小微民营文化企业只能在"超级风口"来临之时，望之兴叹，坐失良机。

第二，文化创意产品价值评估体系匮乏。当前，我国对文化产业发展中的无形资产，如知识产权、核心专利技术没有一个统一的价值认识，无法形成客观有效的价值评估体系，导致文化创意产品在进入市场之前无法获取一个相对客观公正的评估，其评估价值也难以获得市场认可。对于银行等金融机构来说，在评估企业文化创意产品价值之时，持非常谨慎的态度，导致评估手续烦琐，评估周期长。湖南省文化创意产品价值评估体系也没有建立起来，这些严重制约了文化创意产业的有效融资。

第三，文化产业的市场不确定性强。以出版传媒业为例，出于意识形态安全的考虑，我国曾经对该行业设置了极其严格的准入机制，行业的政策性壁垒异常严密。随着我国改革开放的深入，我国对很多行业的定位正在逐步转变，但是出版、媒体产业的法制环境仍待规范，行政等非市场因素在这些产业和经营性企业中的影响依然非常强大，对于这些企业的经营战略的影响仍在持续。除了政策因素，相比传统文化企业，文化创意产业类企业自身的盈利能力受市场波动的影响很大，受众偏好、作品风格等复杂因素，甚至一些突发事件，对文化创意产业类企业都有巨大的影响。面对未来收益难以预期、投资风险大等不可控因素，金融机构"拒贷""惜贷"现象也不足为奇。文化产业市场的不确定环境，给地方文化产业的发展带来了不少隐患。

## （三）金融支撑不强，融合发展缺少推力

### 1. 金融业态滞后

与金融发达地区如北京、上海等地相比较，湖南金融机构种类偏少，且集中分布在银行业金融机构，而像证券类如证券公司、期货公司以及基金公司，保险公司数量占比较低。受经济总量和金融环境影响，地方性法人金融机构发展也欠发达。湖南金融面临着全国性金融机构在湘分支机构发展势头迅猛和本地区域性金融机构发展相对滞后的矛盾。

如表2-1所示，2012年，湖南省银行业金融机构（大型商业银行、政策性银行、股份制商业银行、小型农村金融机构、新型农村金融机构、邮政储蓄银行、外资银行等）数量为9164家，其中包括2家地方性法人机构的城市商业银行、7家证券类（证券、基金和期货公司）机构和44家保险类分支机构。多层级的金融机构发展规模不均衡。与发达省份广东省相比较而言，在金融机构的数量、规模还有层级类别上相距甚远：2012年，广东省银行类金融机构总数为15762家，多出湖南省近6600家，其中湖南省的股份制商业银行机构数不到广东省的八分之一，外资银行机构数不到广东省的四十五分之一；另外，广东省还有67家证券类（证券、基金和期货公司）机构和82家保险类分支机构。与同属中部地区的河南省和湖北省相比较，在机构数量相当的情况下，湖南省层级类别发展较均衡，同时，河南省和湖北省的城市商业银行、新型农村金融机构包括村镇银行、贷款公司和农村资金互助社三类机构以及保险公司分支机构数量略优于湖南省。

表2-1　2012年各省市主要金融机构数量

| 金融机构 | 湖南省 | 北京市 | 上海市 | 广东省 | 湖北省 | 河南省 |
| --- | --- | --- | --- | --- | --- | --- |
| 银行类机构 | 9164 | 3775 | 3561 | 15762 | 7035 | 11948 |
| 证券类机构 | 7 | 53 | 87 | 67 | 4 | 4 |
| 保险类机构 | 44 | 91 | 79 | 82 | 62 | 58 |

*数据来源：罗双双. 湖南省文化创意产业的金融支持研究. 2014年湖南大学专业硕士学位论文，第27页.*

金融服务体系的构建离不开各类金融机构的蓬勃发展。现代金融业的发展使得金融市场业务被细分，从而日益呈现多样化的趋势，其提供的不同金融产品和服务发挥的不同的金融功能形成了特定的金融业态。实践层面上，主要的金融业态包括银行、证券、保险、信托租赁以及其他"类金融"金融机构。从表2-1的数据可以看出湖南省金融业态发展不均衡：小型农村金融机构占全部金融机构的44.28%之多，大型商业银行和邮政储蓄银行机构数占比也高于20%，相较于其他金融业态高出很大一部分比例。非银行类金融机构发展规模不够。金融机构体系的不健全，必然导致金融供给无法满足多层次的文化金融需求。

## 2. 金融服务不完善

金融服务体系的完善是在与文化产业对接过程中不断探索和调整的，当前，湖南的金融机构在支持文化企业发展中，除了自身利益驱动外，政府相关政策的引导起到了很大的作用。作为市场经济活动中资本最活跃的金融机构，在追求利益的同时，资本的风险管控也非常重要，而这些机构在相关评估过程中也存在不少问题。

首先，从观念意识来看，在政府政策积极支持文化产业发展的引导下，湖南很多金融机构积极跟进，但是不少金融机构对文化类企业的产品特质和运营特点还不熟悉，这样一来，导致这些金融机构服务针对性不足，金融产品无法满足文化经营企业的需求。

其次是相关配套不足，专业服务发展缓慢。湖南省金融机构支持文化产业发展虽然在全国范围内来看起步较早，但是发展滞后，表现在担保机构匮乏，风控机制不健全，文化企业的信用贷款困难重重；知识产权保护不力，无法给产业发展提供有力的专业法律服务，造成文化企业无形资产流失较多；评估、保险、证券等专业机构普遍职能缺位，没有与银行等机构形成合力，从而激发金融的内生新动力。

### 3. 商业金融机构信贷投放不足

从商业性金融机构对文化创意产业的信贷投放量来看，2011—2013年，湖南省文化创意产业贷款分别为30.13亿元、59.99亿元和70.34亿元，分别占同期贷款总量的0.2238%、0.3834%和0.3877%，远低于文化创意产业增加值在湖南省生产总值的比重5.2%、5.2%和5.3%。如果用每单位增加值所配比的贷款额来比较的话，湖南省2010—2012年，每单位GDP配比贷款余额（贷款余额/GDP）分别为68.56%、70.63%和74.04%，而每单位文化创意产业增加值配比贷款余额（文化创意产业贷款余额/文化创意产业增加值）分别只有0.22%、0.38%和0.39%[①]，数据表明，相对于文化创意产业对经济增长的贡献而言，商业性金融机构对文化创意产业的信贷投放严重不足，金融支持对文化产业的贡献度非常小。

## 第三节 平台创新，健全投融体系

推进湖南省文化产业与金融业的融合发展，要立足自身实际，借鉴国内外文化产业发展的先进经验，遵循市场对资源配置的决定性作用，持续推进文化产业体制机制改革，通过宏观政策引导和微观金融服务，走出了一条符

---

① 罗双双：《湖南省文化创意产业的金融支持研究》，2014年湖南大学专业硕士学位论文，第28~29页。

合湖南文化产业发展规律的"文化+金融"的融合发展之路。

## (一) 强化扶持力度，集成产业支持政策

当前，湖南省中小微企业都面临着金融支持不足的问题。文化、财政、税务、社保等政府部门应根据实际需要，不断贯彻落实有利于金融支持文化创意产业发展的协调配套体系，并有针对性地研究制定更具深度、广度、力度、宽度和可操作性的配套政策措施，切实解决文化强省过程中文化创意产业面临的政策瓶颈，要加强规划，通过货币政策（如利率优惠、信贷配给等手段）、财政政策（如税收优惠、资金补贴等手段）来推动文化创意产业的发展和升级。

### 1. 提高金融支持文化产业的投入比例

目前，湖南金融支持文化产业方式，正在逐步由政府财政投入向市场融资方向发展。尽管如此，考虑到文化类企业增长速度以及企业自身成长与发展规律，政府在文化产业方面的财政投入也要保证逐年增长，满足市场需求。要注重发挥财政资金的杠杆作用，通过贷款贴息、项目补贴、补充资本金等方式，对符合产业发展规划、具有龙头带动作用的文化企业或项目给予大力支持；对新增文化产业贷款或担保代偿损失给予补偿，鼓励金融机构增加对文化产业的贷款投入；另外，要进一步突出财政预算的投入重点，加大对文化集聚区的资金投入，并通过文化基础设施和公共服务平台建设，形成文化产业发展的规模效应。

### 2. 持续推进文化企业进入市场竞争

应解除原有体制对湖南省文化产业发展的束缚，让市场发挥资源配置的决定性作用，突出政府在文化产业发展的引导作用。首先，将文化经营企业全面推向市场，让这些企业在开放的金融市场中接受全面评估，真正使文化经营企业成为市场主体。其次，引导并督促文化类企业建立健全现代企业制

度，建立健全透明公开的现代财务制度，强化风险管控，提升企业信用，便于金融机构的监督，从而获得更多的授信。最后，整合文化资源，推动文化企业兼并重组，打造文化品牌，规划建设一批有规模、有影响、有特色的文化产业集群，全面提升湖南省文化企业在资本市场的吸引力。

### 3. 完善专业服务体系

首先，建立并完善包括绩效考核制度、文化资产管理制度、文化产业统计制度等在内的文化体制机制改革和文化产业发展考核体制，支持和配合文化产业与金融业融合发展。其次，建立文化产业融资担保制度，明确相关抵质押登记机关及操作程序，完善相关制度和流程。最后，成立专门知识产权专利评估机构，为文化机构的无形资产流转等提供专业服务。

## （二）创新信贷产品，加强金融服务

目前，银行的信贷构成了湖南省文化产业发展资金的主要来源，其融资方式较为单一。所以湖南省地方文化产业应在结合自身实际发展的情况下，推进金融机构加强服务体系建设，创新信贷产品，开拓融资渠道，除了传统的银行信贷产品，证券、保险、基金等方面的金融产品也应该成为湖南文化经营企业今后发展融资的渠道。

### 1. 积极开发适合文化产业特点的信贷产品

在确保大型文化产业项目资金支持的同时，对于中小微文化经营企业，要进一步探索符合这些企业经营特色和发展趋势的信贷产品，探索建立信贷风险分担机制，着力规避金融机构的信贷风险。积极开展对文化企业上游和下游企业资金供应链融资，鼓励企业运用并购、换股等金融手段进行有效融资，来促进文化企业整个产业链的整合。通过建立文化企业无形资产的价值评估体系，而为银行评估处理文化企业的文化类的无形资产来提供制度层面上的保障。

（1）银行方面：改变授信方式，严格控制风险。银行机构应在充分调查研究湖南文化产业发展特点的基础上，根据文化经营企业的不同需求，开发更为个性化的金融产品，例如，文化经营企业可以根据自身发展实际，选择可抵质押借款、担保借款、银团借款等不同的信贷产品。流程控制方面，在严格信贷审批程序的同时，尽量精简程序，减少文化企业的成本；服务方面，可设置针对文化产业类企业设置专业金融服务中心，为文化经营企业提供如无形资产评估等方面的个性化服务，并做好产品的跟踪，根据情况的变化随时调整服务细节。

（2）证券方面：除了文化产业自身发展资金和上市融资等传统融资手段外，湖南省文化产业发展应该寻求多种融资渠道。证券机构要充分发挥自身优势，利用好国内国际市场，发挥多元融资优势，比如创业板市场对中小企业的积极推动作用，为文化经营企业提供源源不断的资金支持。

（3）保险机构方面：创新保险业务品种，提升保险服务水准。保险机构也应该充分考虑湖南本地市场实际，以及不同种类的文化产业和文化企业的需求，开发相应的、有针对性的保险产品，为降低湖南省文化经营企业经营风险，持续健康发展保驾护航。

（4）基金方面：全面推进湖南省文化经营企业改革，努力建立现代企业制度，降低门槛，尽量减少文化市场和金融市场上的信息不对称给企业生产经营带来的风险，广泛利用社会闲散资金。例如，2015年，湖南省在财政部门的引导下，创立湖南文化旅游产业投资基金，成为撬动全省文化旅游产业腾飞的杠杆。中南传媒于2015年出资4.5亿元成立文化产业投资基金泊富基金公司，该基金公司重点投资于与中南传媒经营业务有协同效应的领域。

## 2. 加强和改进对文化产业的金融服务

一是建立业务考评体系以及科学的信用评级制度。各金融机构在设计内部评级指标体系、评级模型和计分标准，确定内部评级要素的过程中，需要充分考虑文化企业的个性特征，建立起科学合理的信用评级、评分机制。不断改进和完善业务考评方法和程序，建立专门针对文化企业融资服务的考评制度。把强化信贷风险管理与促进文化企业发展结合起来，建立良好的激励机制。通过详细的外部评级报告，建立起金融机构内外部评级相结合的评级体系。

二是建立可靠的贷款利率定价机制，科学确定贷款利率及期限。金融机构应根据风险可控、商业可持续等原则，依据不同类型文化企业的具体情况，建立符合监管要求的、更为灵活的，有差别化的定价机制。针对部分文化产业项目周期特点及风险特征，银行等金融机构可以根据其周期的资金需求及现金流分布状况，合理地确定对其贷款的期限。而对于列入国家规划的重点文化产业项目，金融机构在有效防范风险的基础上可适当延长贷款期限。

三是提升对文化企业的金融服务水平。鼓励金融机构根据自身实际，建立专业服务部门，向文化企业提供有针对性的优质的金融服务。针对政府重点扶持的文化项目和文化企业，要简化贷款审批流程，提高贷款审批效率。在达到银行授信客户准入标准的基础上，可以通过举办培训，对接受培训的企业予以信贷支持。银行金融机构与非银行金融机构可以通过加强合作，协调利用多品种的金融业务和产品，制定信托、信贷、基金、债券、保险等多种产品相结合的一揽子金融服务，做好文化企业从孵化期到成熟期各个发展阶段的融资方式衔接。

四是积极开发文化消费信贷产品，为文化消费提供便利的支付结算服务。各金融机构应积极培育文化产业消费信贷市场，通过消费信贷产品创新，不断满足文化产业多层次信贷消费的需求。建议通过制定分期付款的消费信贷产品，扩大对艺术品和工艺品、演艺娱乐、数字产品、会展旅游、动漫游戏、电子出版物、图书、报刊、音像制品、网络出版、印刷、数字出版等出版产品与服务、发行，高清电视、移动多媒体广播电视、付费广播电视、电影产品等消费型信贷需求的投放。强化网上银行业务推广，提高软件、网络及计算机服务，设计服务和休闲娱乐等行业的网络支付应用水平。进一步发挥人民银行支付清算和征信系统的作用，加快完善银行卡刷卡环境，推动文化娱乐、广播影视、新闻出版、旅游广告、艺术品交易等行业的刷卡消费，促进文化市场的繁荣发展。

五是继续完善文化企业外汇管理，提高文化产业贸易投资便利程度。便利文化企业的跨境投资，满足文化企业对外贸易、跨境融资和投资等合理用汇需求，提高外汇管理效率，简化优化外汇管理业务流程，促进文化企业提高外汇资金使用效率，降低财务成本，提高中国文化企业核心竞争力。

## （三）创新融资模式，构建多元化融资平台

作为文化创意产业金融支持的主要来源和未来的必然发展趋势，商业性金融的支持对文化创意产业的发展起着无可替代的关键性作用。由产业生命周期理论可知，任何产业发展的任何一个阶段都离不开商业性金融的支持，只是支持的方式和手段有所区别。结合湖南省的文化资源特点，构建健康良好的商业性金融体首先要强化已有的商业银行金融支持，在此基础上与政策性金融联合共建多元化融资渠道体系。

### 1. 创新银行版权质押融资模式

目前商业银行支持文化创意产业的版权质押融资模式，基本上是版权质押配合法人代表的个人无限连带责任共同担保的融资模式，即商业银行与评估机构、法律咨询机构等合作，以贷款企业合法有效的版权进行质押作为主要担保方式，另外追加法人代表个人的无限连带责任作补充担保。然而这种普遍的融资模式建立在文化和创意企业或者项目具有高成长和高收益率的基础之上。因此，湖南商业银行可以在结合本土实际情况，设计更优的版权质押融资模式。在构建好政策性金融支持的组织体系基础上，筹建湖南省文化创意产业领导小组，有文化创意产业领导小组办公室、贷款企业、评估机构、信托担保机构和商业银行为模式的五大主体。由领导小组办公室成立文化创意产业发展专项基金，委托给其直属机构文化创意产业促进中心运作，专项基金委托信托机构运作，用于文化和创意企业的贷款担保资金。

运作时，首先，文化创意企业进行版权质押融资时，以合法有效的版权向信托担保机构申请借款担保。其次，信托担保机构自收到申请后，将委托

专业的评估机构对提交的版权进行法律方面和价值方面的评估。也就是说，专业的评估机构从所有权的归属状态和产权的收益性、风险性等综合价值两方面提供评估报告并承担法律责任。再次，信托担保机构依据此评估报告自行做出是否提供有偿质押担保服务的决策，同时依据评估结果对质押担保服务进行定价。最后，商业银行认可信托担保机构的担保，向申请贷款企业放款，同时信托担保机构对贷款企业或者贷款项目进行监督检查，以降低商业银行的贷款风险。

2. 构建多元化融资平台

文化产业种类多，金融投资涉及面广，从公共文化基础设施建设到经营性文化产业项目建设，从文化产业高新技术研发到文化事业、文化产业人才的培养，都离不开资金的支持。在文化产业与金融业融合发展进程中，政府、企业、个人作为不同的利益主体，基于投资回报率的差异，投资重点倾向也不尽相同。基于这一点，湖南省对文化创意产业的金融支持要不断积极探索新的多样化的融资渠道。如创新设立文化信用征信中心、版权价值评估中心、版权资产托管中心、文化信用担保公司、版权权益投资基金、文化小额贷款公司等一系列增值增信服务平台，进一步支持文化金融创新，为更广大的文化创意企业接受金融服务创造条件。由于产业有生命周期，文化和创意产业发展的不同时期，金融支持的方式与侧重点应该有所区别，为了弥补商业银行的金融支持的局限性，打造服务于不同发展阶段的文化创意企业的三大平台，利用平台的信息对称优势和渠道优势，加强文化创意产业的金融支持。因此，湖南省发展商业性金融对文化创意产业的支持方式不能仅局限于商业银行的放贷，应该积极拓展多元化的融资渠道，使得不同资产规模或不同发展阶段的文化创意企业的融资需求都能得到满足。

一是打造线上线下债券交易平台，适用于处于成长期的文化创意企业。平台通过个人债权和企业债权的信息发布和交流，实现文化创意企业向银行金融机构如银行借贷、非银行金融机构如小额贷款公司贷款、发行债券等多样化方式的债权融资。符合条件的文化企业可通过发行企业债、集合债和公司债等方式融资。同时，该债权交易平台也是债权的交易转让和不良资产处置平台。

二是打造线上线下版权交易平台，让无形资产拥有可衡量的价值。对于任何一个中小文化创意企业，共同特点是"轻资产、重无形"的版权资产，因而不论处于哪种生命阶段的文化创意企业，任何融资渠道都依赖版权价值的实现，而版权价值的形成和流转则是通过版权交易平台实现的。版权交易平台应聚集全版权产业资源，构建涵盖文学艺术、广播音乐影视、设计、动漫游戏、广告、软件等版权产业全领域的版权交易服务，为版权持有方和版权需求方搭建一个公开化、专业化的版权交易平台。首先，进行版权登记和评估鉴定，实现版权价值形成。其次，汇聚交易各方，促进版权的交易流通和转让。使版权买卖双方在专业机构充分参与的情况下，实现信息对称、充分竞价、诚信、法律保障的公开市场买卖。最后，一旦企业经营不利，版权持有者可通过交易平台将其处置变现，充分盘活版权的经济价值。这样一个版权交易平台可以深度挖掘版权价值，形成版权的多种形式转换，使版权人获得经济与社会价值的最大化。

三是打造线上线下的股权交易平台。在产业生命周期理论中，股权融资方式适用于处于成熟期的企业。一方面，该平台可以通过专业化服务，让成熟期的文化创意企业，实现如主板上市、创业板上市、新三板上市和中小企业板股权转让、私募股权融资以及引进战略投资者等方式的股权融资。已上市的文化企业还可通过公开增发、定向增发等再融资方式进行并购和重组。另一方面，湖南省打造这样一个区域性的地方股权交易平台，要更多地针对非上市的文化创意企业，通过发布企业融资需求信息，无论是自然人还是法人，都可以对出让的股权进行投资。平台引导风险投资基金、私募股权基金等风险偏好型投资者积极进入处于初创阶段、市场前景广阔的新兴文化业态。如此一来，该股权交易平台同样涵盖了初创期、成长期、成熟期的文化创意企业。

四是促进保险机构联合交易平台推出相关的交易安全、确权责任等保证产品，根据平台交易产品的特点不断开发适合的保险产品，建立文化金融产品的风险补偿机制，实现多方共赢。

五是信托担保公司从信用评级、风险分散层面，优化文化金融创新。通过信托担保机构开发专业的适合评价中小型文化创意企业的经营情况、市场资信以及财务状况等的信用评级体系，针对不同信用等级实行差别化的信托担保费用，从而加大对文化创意企业的融资担保。如文化创意企业将版权信托给信托公司，后者做版权质押协助贷款。若放贷资金出现问题，信托公司对信托资产有全权处置权，如此一来既降低了银行的风险，也降低了企业贷款的门槛。

六是湖南省文化创意产业发展基金对开发保险机构的保险产品以及信托担保机构的担保行为再担保。国内现阶段的政策性产业发展基金基本上以两种方式运作，第一是直接作奖励资助、贷款贴息以及担保补贴资金，另一种则是上一节介绍的金融机构支持文化创意企业发展的担保资金。随着多样化融资渠道的发展，政府设置的政策性的文化创意产业发展基金应该"退居二线"，通过再担保发挥其资金杠杆作用，如此一来，不仅能够进一步推动发展商业性金融机构支持文化创意产业发展的积极性，引导和带动多元化融资渠道的资金，而且也能避免政府在市场经济上的过多干预。

综合上述设想，打造湖南省文化创意产业科学合理、系统完善的多融资渠道体系，通过不同交易平台开发围绕版权交易的投融资工具和融资产品。通过平台的建设，连接文化创意企业的资金需求方与商业银行、非银行金融机构以及个人投资者等资金持有方，引进其他如评估、法律、拍卖等机构，为文化创意企业或项目提供金融支持，实现文化与金融的无缝对接，为金融扶持文化创意产业发展发挥了重要的作用。

# 第三章　内源驱动：湖南文化产业与科技融合发展之本

党的十八大报告提出的"促进文化和科技融合，发展新型文化业态，提高文化产业规模化、集约化、专业化水平"，"文化与科技融合创新"在顶层设计上，就将之定性为今后中国文化产业发展的主要模式和攻坚方向。文化产业与科技两者的融合，意味着在文化产业领域注入科技元素，利用科技的翅膀要文化飞得更高更远。湖南省致力于打造文化强省，就必须要走文化与科技融合之路。近年来，湖南多举措加快融合的步伐，推进新兴科技文化产业发展，特别是动漫、游戏、数字文化服务，不断提升它们在文化产业中的比重。为文化科技融合"搭台子"，依托各大工业园区和示范基地，引进有实力的知名文化科技企业来湖南落户。为服务好文化科技产业，湖南还建设了一批高端创意设计融合平台，"引凤入巢"，最终通过文化科技项目支撑引领作用，提升了湖南文化与科技融合的深度和广度，文化产品的科技感越来越浓厚。

## 第一节　科技重装文化方兴未艾

在信息社会，科技创新与文化产业的双向推动已经汇合成一股强大的历史洪流，推动文化产业螺旋式上升。文化产业是当今产业经济中重要的组成部分，在经济增长中发挥着重要的作用。科技被誉为"第一生产力"，通过日新月异的发展以及成果的转化运用，为经济发展注入了一个又一个增长点。文化与科技的发展都需要创意和技术的密集支撑，这样的特性，使得它们都需要产业的聚集。产业园区就有着这样的优势，它们将产业要素有效地融合在一起，不仅是产业内部，跨产业的也是如此。文化与科技的融合发展，在产业园区中形成了完整的产业链，最终经过整合和积累，成就了优势产业集群。依托各大产业园区，湖南科技文化产业的发展出现了质的飞跃。从数量上看，全省共有国家级文化产业园区和基地 13 家、省级示范基地和重点园区 13 家、市级示范基地和重点园区 14 家。建成了文化创意产业集群发展的"六基地"：麓谷动漫产业基地、湘绣产业基地、长沙黄花印刷科技产业基地、浏阳河旅游文化产业基地、雨花创意产业基地、长沙晚报网络科技基地。从质量上来看，有国家级的动漫基地——国家数字媒体技术产业化基地、国家级的文化产业示范园区——长沙天心文化产业园、国家级的数字出版基地——中南国家数字出版基地、国家级的广告产业园区——长沙天心广告创意产业园。这些园区基地都包含着文化与科技融合的因子，从点到面，从个体到群体，最终这些园区基地将长沙市送上了国家级文化和科技融合示范基地的领先位置。这个基地又将视野扩展到全省，立足长沙，辐射株洲、湘潭、益阳、衡阳、岳阳五市，湖南省的文化与科技融合在广度上又飞跃到全省文化产业范围，以园区带动，促进全省文化科技的不断融合，推动文化与科技融合事业发展。

表 3-1 《湖南省"十三五"科技创新规划》五大科技与文化产业融合发展领域

| | |
|---|---|
| 发挥湖湘文化特色，挖掘湖湘文化精髓，促进文化创意和科技融合，研发智能虚拟环境、智能感知、数字内容生成方向等关键技术，加强非物质文化遗产数字化保护，建设主题型科技与文化融合科技示范工程和民间文化传承与发展协同创新中心，发展新型文化业态，实现文化与旅游产业提质发展 ||
| 数字媒体 | 研发广播影视、移动多媒体、网络新媒体等下一代广播电视网（NGB）关键支撑技术；研发移动阅读、移动社交和移动电子商务服务等技术 |
| 虚拟现实 | 研发虚拟现实关键智能部件、设备及中间件、软件工具、软件系统、虚拟现实的数字内容生产与制作等技术；建立传统建筑、传统技艺与手工艺制品、民艺民俗文化等分类体系、文化内涵、技术标准等数据库和数字化虚拟展示中心 |

续表

| 数字出版 | 研发数字印刷、绿色环保印刷、数字版权保护等技术；建立开放式国家数字教育出版资源库（知识库） |
|---|---|
| 文化旅游 | 以物联网、云计算等信息技术集成和应用为中心，建设智慧旅游公共服务平台，提升文化旅游资源保护、旅游大数据分析、人工智能应用技术水平；开展"智慧旅游城市""智慧旅游景区""智慧旅游乡村"等科技示范，实现旅游服务、管理、营销、体验的智能化。 |
| 创意设计 | 建立轨道交通、工程装备、服装服饰、工艺美术、印刷包装、日用陶瓷、烟花等创意设计技术体系；建立产品创新设计、品牌形象设计、智能交互设计、环境艺术设计、展示设计等新型设计服务模式 |

## （一）动漫产业持续发力，推动科技融合加速

放眼全球，动漫是文化科技融合最为广泛的载体之一。当下的动漫产业发展建立在计算机技术、网络数字技术之上，它涵盖了动漫制作、互联网络传播、游戏配套制作多个部门，涉及动画影视、影音、数字出版和数字化教育培训等多个领域。因为，相关的领域都需要科技的支撑，动漫产业对科技的依存度最高。而它又对其他相关领域的带动作用非常显著，可以将动漫内容和创意涵盖到日常生活的多方面，形成强势的潮流文化。而与改变人类历史的科技一样，科技在带动动漫产业的过程中形成了突出的影响力，实实在在地改变了人们的文化甚至是日常生活，动漫节目输出的价值观也实实在在地影响了一代人的成长之路，这点在邻国日本有着太多的案例。所以，动漫与科技的融合是文化科技融合中的重头戏，不仅关系着产业本身的兴衰，更关系着人们的文化观念、生活方式、社会风尚的形成和转变。湖南的动漫作品也在科技的加持之上，以鲜明的动漫形象、明快的故事情节、积极向上的精神状态，影响着湖南乃至全国百姓的生活，树立了"动漫湘军"品牌。可以说，湖南的动漫产业起点高，很早就形成了全国影响力，是文化科技融合的排头兵。

首先，湖南动漫产业的发展亮点主要体现在园区的聚力效应上。2006年，由国家文化部等十个部委正式批复和授牌的国家动漫游戏产业振兴基地，在长沙市国家高新技术开发区内建立，标志着湖南动漫产业进入了国家梯队。这个园区的规模是空前的，吸纳就业4万余人，涵盖动画、网络动漫、手机动漫、动漫软件等产业类别，聚集了动漫游戏、数字媒体、数字内容应用等领域的企业60余家。这些企业中，有国家三部委首批认定的18家重点动漫企业中间的4家；在全国第一批认定的35个重点动漫产品中，长沙高新区7个，占全国总数的20%。经过十多年的发展，基地形成了完整的产业链，涵盖动漫设计、原创制作、产品研发、图书出版、移动终端等环节，形成以动漫游戏、动漫外包、研发设计、衍生品开发为主体的文化创意产业体系。湖南国家动漫游戏产业振兴基地在这里产生了中国第一个民族卡通品牌，成功培育了"蓝猫""虹猫""山猫"等知名动漫品牌，动漫延伸品也在全国各地大卖，最终形成了动漫原创、制作、出版、发行，到衍生产品生产、动画教育等较为完整的动漫产业体系。

园区的聚集效应也带来了平台效应。园区在初具规模之后，长沙高新区利用园区搭平台，利用平台引企业，搭建了中国（湖南）动漫公共技术服务平台和中国（湖南）手机动漫公共技术服务平台，面向全区为动漫游戏企业提供公益服务。为了给园区的文化创意企业配套科技动力，园区还建立微软技术支持中心等四大核心动漫游戏技术研发中心和16个应用创新中心，成功构建以"六库十二平台"为核心的公共技术服务平台体系，这些中心和平台带来了领先的动漫技术，特别是三维动画技术，处于国内领先水平，为动漫企业的创意创作提供了技术保障。对于企业的经营和管理，园区还建设了创新孵化平台，为动漫企业提供人才、资金、技术、政策、知识产权、创业辅导等全方位孵化服务。这些措施的推出，以组合拳的形式扶持了园区企业的发展，从为企业排忧解难、引线搭桥，到注入科创平台，促进产业融合，园区的产品涵盖了动画、网络动漫、手机动漫、动漫软件等不同领域。

其次，长沙动漫产业的成功，还依赖于产业链的整体策划、合理布局以及协同调配。动漫产业的融合是指突破单一的内容制作传播产业，整合内容制作、媒介、渠道等多方面资源，把自己创造的动漫形象产品化、实物化，使品牌价值得到充分延伸。通过传媒、娱乐业的广泛传播，以及形象和知识产权方面的使用和授权，让动漫衍生产品和服务覆盖玩具、服装、食品、广告、主题公园等诸多领域，形成一个完整的动漫产业生态系统。要从动漫内容的"盈利点"拓展到整个产业链的盈利，从内容到周边，从虚拟到实物，从形象到品牌。据统计，2016年全省动漫游戏总收入超过140亿元（不含影视和互联网收益），比2015年增长21.43%；全省以童书类动漫、卡通图书为主的动漫图书销售达299.5万余册，比上年增长18.4%；全省动漫游戏及相关类知识产权申请数为960项，比上年增长33%。

产业链延伸与开发，同样也离不开科技融合的助推。湖南动漫产业以"文化+科技"为基准，成了产业融合的最佳范本。

第一，动漫成为推动科学技术和知识传播的优良载体。日新月异的科技发展给动漫创作带来了无尽的题材和灵感，是动漫作品经常表现的内容。于是，湖南动漫创作紧跟科技的发展，将最新的科技内容纳入创作之中。例如，湖南永熙动漫科技股份有限公司与中国航天员中心《航天员》杂志运营方在第十二届深圳文博会成功签约。双方以中国航天科技题材为基础，以"中国梦、飞天梦、强国梦"为主题，打造中国航天动漫第一品牌的动漫艺术作品《星空》。湖南华视坐标传媒动画专注于VR（虚拟现实技术）内容生产，其作品《扩意·中国》荣获"迅雷第二届全景视频大赛"特别奖。科普知识的推广也是动漫所关注的领域之一，一些深奥的科学知识通过动画人物的活泼的表演，被小孩子们所理解和接受，这是动漫推广科普常识的优势。湖南有许多这样的文创企业在积极地进行创新探索，例如：映山红文化传媒有限公司旗下作品灵犀少儿国际英语和灵犀国际幼儿英语配套动画，寓教于乐，趣益结合，是目前湖南省最大的外语、音乐、教辅专业特色图书批发零售商；湖南银河动漫传媒有限公司连锁教育培训机构"玉麒麟课室"全程植入了玉麒麟IP（知识产权），打造属于湖南的动漫教育王国；桃果教育科技有限公司专注于研发幼儿园美术教材、少儿创意美术绘本、少儿创意美术DIY手工以及与少儿教育相关的创意美术产品。

第二，动漫行业与互联网的融合，使传播力得到了空前的发展。科技支撑着互联网技术的发展，也支撑着动漫产业的网络升级。湖南建立线上的数字社交动漫平台，通过这个平台，湖南的动漫与世界网民相连，成为湖南动漫推广的利器。金鹰卡通开发了相应的 App，将自己丰富的动漫资源放在了"电视+手机"亲子家庭互动平台，不仅提供了动漫内容，还打造了家庭影像记录的共享平台，分享亲子时光，再通过社交分享形成亲子旅游、亲子产品等社交型电子商务。另外，金鹰卡通还积极将原创的综艺节目动漫版实现数字化，形成大 IP 进行互联网全平台推广及 IP 授权运营的新运营模式。

第三，发展线下动漫与现代科技融合，成了触手可及的现实动漫世界，成了孩子们的乐园、市民休闲的乐土。麦咭乐园于 2016 年落地了 2 家，2017 年以"自营+整店输出"的模式在全国落地 36 家。各种主题的公园和乐园将动漫 IP 运用得淋漓尽致。而对于制造业来说，"动漫+科技"也给它们带来了新的商机。湖南酷贝拉欢乐城在线下打造了线下酷贝拉乐园，与线上的"酷贝城"商城相结合，成了湖南动漫衍生产品的交易展示平台。"虹猫蓝兔"享誉全国的时候，湖南漫联卡通文化传媒有限公司就开始做局布置，与传统服装行业携手，推出了"虹猫蓝兔"系列服饰，开启了"虹猫蓝兔"品牌新的产业化之路。

## （二）出版印刷产业升级，科技助力文化传播

与动漫产业相似，湖南印刷以科技创新发力，以园区聚力，发展迅猛，成为文化科技产业融合的又一"重镇"。湖南出版业也建立了产业园区，长沙市新闻出版局、长沙市印刷行业协会和长沙黄花产业基地于 2003 年 6 月共同创建了长沙黄花印刷科技产业园，更是科技文化融合的力作。该园区位于长沙市东郊的国家级长沙经济技术开发区黄花产业基地，距市区 20 千米，远期规划面积 6 平方千米，已建面积 1.8 平方千米，园区目前已有 72 家企业入驻。其中，主导产业——印刷类企业（含印刷、包装装潢、制版等）有 33 家，占园区企业的 46%，有从业人员 2359 人，占园区企业职工总人数（6311 人）

的 37%；通过做大做强主导产业，目前园区有规模以上工业企业 23 家，其中包括长沙鸿发印务实业有限公司、湖南凌华印务有限责任公司、湖南华商文化商务有限公司、长沙利德印务有限公司、湖南省邮电印务有限责任公司、湖南和林印务有限公司、长沙市蔡伦印务有限公司、长沙创毅彩印包装有限公司、湖南利美印务有限公司 9 家规模以上印刷包装企业。近两年又新引入了蓝天绿色印刷、维克奇纸杯、利美印务、人民今典印务、双江包装、翔达印务、宝典印务、锦泰包装、轩博纸业等印刷包装企业。

依托黄花镇为中国中部地区重要交通枢纽的独特优势，以低成本承接东部印刷产业转移，逐步形成了中部明显的印刷产业隆起带，其辐射带动效应日益凸显。经过十多年的发展，形成了以印刷包装为主导，以汽车配件、机械加工、新型建材、仓储物流等为支柱的产业格局。2015 年，园区工业总产值达到 69.4 亿元，上缴税金 2.5 亿元，其中 23 家规模以上工业企业（包含 9 家印刷包装企业）完成工业总产值 38.7 亿元，上缴税金 7878 万元。

强化创新驱动，把立足点放在科技创新与企业发展加速融合上，各类企业加强工业技改投入，进行转型升级，印刷复制业的领域不断扩大，印刷品的品种不断增加，印刷质量不断提高，以电脑直接制版和采用中高速商业轮转机为标志的印刷企业新一轮技术改造在园区迅速展开，手工制版已完全被电脑制版取代，数码打印、远程传输印刷、生产流程数字化、营销管理信息化成为现代印刷的崭新模式，批量小、周期短、高档多色、环保、保密、资源节约成了印刷发展的主流。湖南天闻新华印务有限公司在数码印刷的生产技术和生产工艺上，着手实施防伪印刷技术与包装印刷的整合项目，旨在创新实现技术上的融合利用，为市场提供最经济有效的商品防伪全面解决方案与全流程的技术服务。黄花印刷产业园整体上呈现出印刷大园区向印刷强园区转变的趋势，形成了传统产业脱胎换骨，新兴产业强势突破的良好态势。同时，扩大招商引资，坚持高端招商，形成了建设一批、储备一批、跟踪一批的产业招商态势。

随着科学技术的发展，书籍开始从纸本形态转移到数字的形态，印刷业的科技创新是对旧有产业的改造，那么数字图书资源库的建设和开发，就是对新产业的开拓。湖南的企业在这一方面又走到了前列，涌现出湖南出版投资控股集团、天舟文化、青苹果数据中心等一批数字出版发行的优质企业。

湖南出版投资控股集团有限公司从成立开始，旗下的中南传媒也启动了数字出版战略，确立"全链介入、全员进入、平台推进、资源整合"的发展原则。对内整合全产业链的数字资源，形成数字资源库；对外整合技术提供商、渠道运营商的优势资源，通过强强联合和跨界合作打造具有自身特色的数字平台。他们打造了以天闻数媒为主体的大众阅读、数字教育和政企学习平台。中南传媒与华为共同出资3.2亿元重组中南传媒旗下天闻数媒科技公司，充分整合双方在内容、技术、渠道、市场、品牌等方面的优势，打造大众阅读、数字教育和政企学习平台。在大众阅读方面，已聚集数字内容资源10多万种，电子书运营在中国移动阅读基地出版社类MCP（内容整合商）收入排名第一，与中国联通合作成为联通悦读基地内容提供商。在数字教育方面，AiSchool数字教育产品在10多个省市200余所学校使用，并进入乌兹别克斯坦、南苏丹等国家，成为公认的比较成熟的数字化教育解决方案。在政务学习方面，与文化和旅游部（原文化部）公共文化服务中心合作，共同推进文化共享工程项目，如天闻安全PAD产品通过军用信息安全产品C+认证。另外，他们建立了以红网为核心的新闻资源聚合平台。中南传媒旗下的红网位列全国地方新闻网站第一、综合新闻网站第八，是全国唯一一家连续三年蝉联中国新闻奖一等奖的网络媒体。红网在全国率先将舆论引导触角延伸到基层，建立县级分站，搭建省、市、县三级的"树型"网络平台，与中国移动合作在全国率先推出县级手机报，建立覆盖湖南全部县市的移动新媒体。旗下的红网传媒公司是湖南第一的框架媒体，在楼宇媒体行业中率先打造了政府公共资讯互动框架显示屏网络。

天舟文化是一家从传统图书业起家的出版公司，但是并没有将视野固定在传统的图书出版范围内。其开拓了移动互联网娱乐领域，并购了北京神奇时代网络有限公司。2014年，公司与德同资本共同发起成立德天基金，先后参股了从事网络视频广告业务的北京影谱互动传媒科技有限公司、从事在线教育的江苏麦可在线教育科技有限公司等项目；2014年9月，公司通过香港子公司投资120万美元间接持有了主要从事游戏的开发与运营的日本游戏企业KEYROUTE CO. LTD 25%的股权。经过多元经营、多元业态、多元投资,其升级为传统媒体业态和新媒体业态相结合的新型出版文化传媒企业。

成立于1992年的青苹果数据中心,在技术投入上不遗余力,在数字内容制作、存储和发布领域都取得了一系列成果,登记了近百项技术专利和软件著作权,获得了"高新技术企业"资质和国家科技部"国家现代服务业创新发展示范企业"称号。现在公司年生产能力达到300亿汉字和250万版电子报刊,是当之无愧的主流数字内容制作商和出版商。公司开发的众多技术成果被业内广泛应用:青苹果全文检索数据库系统已被《人民日报》《深圳特区报》《广西日报》《天津日报》《新华日报》《中国日报》《香港文汇报》等40余种电子报刊作为网络发布的数据库平台,其中《人民日报》《深圳特区报》《广西日报》《天津日报》曾先后获得"王选新闻技术奖"和"北京市优秀电子出版物奖";青苹果电子报纸发布平台被我国唯一的对外英文日报《中国日报》电子版作为对外宣传服务平台,并获得"王选新闻技术奖";青苹果移动电子书阅读平台被湖南、天津、黑龙江、河北、西藏等多地政府作为促进全民阅读的重要载体。另外,公司开发的中英文语料库,被东芝、微软和百度长期采购使用。此外,数字内容制作服务外包,一直是青苹果重要的业务之一,也是支撑公司大规模投入技术研发、产品研发稳定的收入来源。青苹果数据中心完成了国内外数以百计的大型数字化制作服务外包项目,包括国内的"国家大剧院艺术资源数字化制作项目""中国共产党理论资源数字化制作项目"以及众多报纸数字化加工项目;海外的微软、东芝、亚马逊、NHN公司众多数字化制作工程,以及参与了新加坡"记忆工程"。公司也因此获得了"中国服务外包企业100强""湖南省服务外包重点企业""长沙市服务外包十强企业"等一系列荣誉称号。近三年来,公司一方面积极参与国内大型数字化项目的招标,一方面积极参与诸如德国法兰克福书展、香港书展等行业展会,积极拓展海外客户,每年均签署数字化制作服务外包合同5000万元~10000万元。在数字出版物开发与销售方面,青苹果数据中心已拥有10余万种电子图书资源以及40多个海量数据库产品。近年来,公司的开发重点包括：世界经典名著、各行业专业图书、珍稀历史文献、少数民族文学作品以及历史报刊文献资源，并专门在新疆乌鲁木齐建立了维吾尔文、哈萨克文、蒙古文和藏文电子图书生产基地，在山东日照建立了日文、韩文电子图书生产基地，在湖南益阳建立了英文电子图书及电子报纸生产基地，使公司每年新增电子图书超过5000种，新增电子报纸不少于5种。

在国内，公司建立了长期、稳定的销售渠道，与众多图书馆、企事业单位签署了数字内容供应合同；同时也在亚马逊、京东、淘宝等电子图书阅读平台建立了"青苹果电子图书专区"，面向个人用户销售；为拓展海外市场，公司在香港成立了香港青苹果媒体有限公司，负责开拓中国港澳台地区和其他亚洲市场，在美国和欧洲分别与大型数字出版企业建立了合作关系，代理青苹果产品在欧美市场的销售。通过销售渠道的完善，公司近三年来数字出版物销售额均有30%以上的增长。

## （三）老树添新芽，传统文化借助科技发力

湖南加强传统文化产品创作与科学技术创新的对接，不断开发基于先进技术的具有不同传播、接收、显示特点的新型文化产品，并通过数字影像、声光多媒体、LED显示、数字三维虚拟展示等诸多高新技术来提高传统演艺、会展、电影、电视、新闻出版等行业的质量，不断丰富表现形式，切实增强感染力，使文化作品的展示更加丰富多彩。湖南科技融合文化产业中，不仅有动漫、出版印刷等现代文化产业业态，还融合了陶瓷、烟花、湘绣等代表湖南地域特色的传统文化产品。

重视科技创新成为湖南瓷器发展的首要驱动力，大红色瓷器的制造因为红色颜料不耐高温成为瓷器制造的一大难题，长沙大红陶瓷经过多年的技术攻关，成功地烧制出红瓷器。"红瓷"即在科技的加持下成了湖南瓷器的新兴品牌，带动了瓷器文化产业新的增长点。尝到了科技力量的甜头，使得湖南醴陵陶瓷企业更加舍得投入研发，有6个技术创新公共服务平台、23家企业成立产品研发中心，其中，华联瓷业被认定为国家级企业技术中心；省陶研

所、泰鑫等7家企业被认定为省级企业技术中心,并与清华大学材料学院、上海硅酸盐研究所、中南大学等高校和科研院所密切合作;21家企业与景德镇学院等10所省内外科研院校组建了醴陵陶瓷产业和先进陶瓷技术创新战略联盟。近三年,全市陶瓷企业的专利申请量超过1500件,其中已有80%实现了产业化,有M-C高性能耐磨陶瓷等10个项目通过省级科技成果鉴定。全市拥有4位中国工艺美术大师、13位国家级陶瓷艺术大师及其他各类省级大师146名。发展到现在,醴陵有陶瓷企业665家,其中规模以上企业196家,陶瓷企业工业总产值占全市规模工业的比重达54.9%。醴陵陶瓷产量占湖南省全省产量的95%,拥有全国最大的炻瓷生产企业——湖南华联瓷业股份有限公司、全国最大的电瓷套管类企业——醴陵市华鑫电瓷科技股份有限公司、全国最大的棒型支柱电瓷类企业——醴陵市阳东电瓷电器有限公司和中南地区最大的陶瓷酒瓶生产企业——湖南新世纪陶瓷有限公司等一批龙头企业。

中国著名工艺美术大师黎仲畦曾说:"花炮不仅关于化学,更是文化和艺术。花炮制作者是特殊的画家,将天空作为画纸,将五彩缤纷的烟花作为颜料,用技巧作为画笔,这就是烟花的魅力。"一场由科技引导的花炮产业"工业革命"也引导了烟花的"艺术升级",使浏阳从单纯的花炮原产地,一跃成为全球最大的烟花爆竹生产与贸易基地,烟花文化品位傲视业界。第十二届中国(浏阳)国际花炮文化节中的巨大网幕动态焰火"一带一路"通过焰火照亮浏阳河畔、点亮相关城市标志,勾勒了一幅壮阔雄伟的发展景象,给观众留下了超视距的震撼感。此外,第十六届上海国际音乐烟花节、香港新年和国庆焰火汇演、"美丽之冠绿卡暨第65届世界小姐"总决赛、美国独立日、纽约新年焰火、澳门第27届国际烟花汇演、莫斯科国际烟花节等国内外重要活动均有浏阳花炮的身影。得益于浏阳花炮企业电脑网络技术的燃放点火器、先进的烟花鞭炮自动生产生产线、自动化组合烟花生产成套设备以及药机、内筒装药机等专业生产设备研发成功。电脑设计和电子控制发射使得烟花表演更为丰富和复杂;新材料使得烟花产业绿色成分越来越高,"微烟、无残渣、无异味"成为烟花的标配。湖南的烟花产业在各种科技技术改造下,从一个传统产业成了全球在此领域产品系列最丰富、技术水平最高的国家。

浏阳烟花业弘扬科技创新文化，努力凝聚创新智慧力量，高科技让浏阳烟花更亮、更高、更安全。为了引导科技融合，省、市、区（县）三级陆续出台了《湖南省人民政府办公厅关于加强整顿治理促进烟花爆竹产业安全发展的意见》《长沙市烟花爆竹企业电子监控监测系统建设指导意见》《长沙市烟花爆竹"机械化生产工程"实施方案》《浏阳市人民政府关于加速推进花炮产业发展的意见》等系列文件，并从产品研发、加工流程、安全生产、市场开拓等方面均提出了明确意见，其中浏阳市财政每年安排 2500 万元专项资金用于支持花炮产业兼并重组、机械化研发和转型提质等。从企业自主研发情况看，2015 年浏阳规模以上烟花爆竹制造企业中开展 R&D（科学研究与试验发展）活动的企业有 38 家，比 2011 年增加 36 家，R&D 活动覆盖面为 10.5%；共投入 R&D 经费内部支出 7090.1 万元，是 2011 年的 157.6 倍，研发投入强度（R&D 经费内部支出占主营业务收入的比重）为 0.16%；投入 R&D 人员 329 人，占全部从业人员数的 0.45%，较 2011 年提高 0.43%；烟花爆竹业机械化综合普及率达 78%，基本实现涉药工序"人机分离、人药分离"。其中中洲、花冠与千山药机联合研制的组合烟花全自动生产线已进入试生产阶段，金生花炮集团联手中南大学及长泰机器人研发的花炮机器人已进入中试阶段。面对日益严峻的环境污染问题，浏阳花炮文化产业园与高等院校和科研院所对接，花炮产业实施"三新五化"战略，积极推进微烟发射药、微烟引线、环保型鞭炮、无引线连接的环保组合烟花、花炮除味剂和可降解的环保底座组合烟花的研发，一大批安全环保新材料和新产品脱颖而出，推动着花炮产业走向健康可持续的发展道路。

不仅是传统制造业与科技的融合，表演业也插上科技之翼，呈现出夺目的精彩。以张家界《魅力湘西》《天门狐仙》为代表的大型音乐剧为例，其将声、光、电、形、影、音等高新技术融为一体，将数字科技成果转化为现实文化艺术创作工具，通过科技展现艺术之美，采用最为先进的激光技术，颠覆了传统的艺术形式，全力突出湘西文化在剧院演出中独具魅力的全新视角，舞美、灯光、视觉艺术全面升级，使得科技成为大湘西地区文化产业融合科技发展的亮点和演艺产业繁荣的催化剂。

## 第二节 自主创新显现短板效应

科技是提高产业发展创新能力和竞争力最为重要和直接的手段,湖南省建设文化强省的战略一直都强调文化科技的产业融合,以期促使文化产业以高起点、高水平在激烈的文化产业竞争中处于领先优势。通过多年的努力,文化科技产业已经具备了一定的产业基础,政府也积累了一些有益的经验。现在,文化科技融合应该进入一个深耕良作、向跨越式发展冲刺的新阶段。新的阶段,也对政府和企业提出了新的挑战,一些问题也渐渐浮出水面,阻碍了文化科技的融合之路。

### (一) 科技文化融合平台有待完善

科学统筹的体制机制还不健全。文化和科技属于两个比较独立的部分,在管理上也是相对独立的,形成了文化科技多头管理、各自为政的局面。这就容易使得创新要素和资源相对分散,难以形成有效的创新激励平台,将文化科技之间的潜能最大化开发出来。就湖南省现状来说,问题主要表现在以下三个方面。

首先,文化科技融合促进体制不健全,管理方式滞后。虽然湖南省非常重视文化科技产业融合,先后出台了一系列扶持文化科技企业的政策措施。然而,政策落地却因为管理体系不顺畅而困难重重。如长沙曾经出台《长沙市文化和科技融合示范企业认定管理暂行办法》,对于文化科技企业的划分不明确,出台的文件涉及产业主管部门、税务局、财政局等众多单位和机构,各个部门之间缺乏有效的协调机制。因此,在政策实施的时候,还存在条块分割的现象,最终使得一系列政策措施难以落地。政策落地难,也就使得好的政策在实际效果上大打折扣。

其次,政府扶持力度还有待加强。就湖南省的现状来说,文化科技融合所需要的服务机构还需要增加，文化科技融合相关的技术支撑、融资平台、知识产权保护、品牌建设、教育培训等配套领域还需要健全。

最后，文化科技融合的创新成果交易平台还需要更完善。由于科技与文化融合的产业属于智慧型产业，创新性强，研发、推广成本高，固定资产要求不高，因而表现出易于流动、难于抵押贷款的现象，如果没有为科技文化产品做强劲支撑的投资基金，就很难成功。例如，湖南蓝猫全网教育公司曾辉煌一时，闻名全国，也创建了一个产业园，但是近几年上海、北京、杭州、深圳、苏州和广州等城市的动漫产业快速发展，蓝猫被喜羊羊等品牌超越，蓝猫产业在国内不再是一个产业群，主体力量已转移到浙江、江西、陕西等地区，只剩下一个品牌在省内。再以长沙为例，文化产业作为长沙的支柱产业，其政策支撑力度较大，各级部门均出台了一系列文件促进文化产业的发展壮大。然而与同是第一批国家文化和科技融合示范基地的北京、上海、沈阳和西安相比，长沙文化与科技融合政策支持力度相对不足。如与西安3000万元、沈阳4000万元的文化科技融合发展专项资金相比，长沙只有1300多万元用于科技与文化融合重大专项。此外，在土地供给、税收优惠等方面还缺乏相宜的激励政策，对外地大型文化企业吸引力不大。

## （二）科技文化融合的深度有待加强

近年来，湖南科技型文化企业虽呈现逐年增加的态势，但从整体水平看仍表现出融合不深的现象。最为主要的表现是科技含量不高，融合水平偏低。湖南文化创意产业存在创意足而科技水平不高的现象，如湖南优势的传媒和出版企业，进行文化科技融合，往往依赖传统的规模优势和比较优势，而在科技上，顶尖的和关键的技术还是受制于人，大多数是"拿来主义"，缺乏长期的积累和研发。例如，苏绣早已实行机绣，批量生产，质优、价廉、销路广；湘绣还是手工劳动，效率低、价格高，难以做大做强。长沙沙坪是湘绣基地，基本上是民营企业在进行作坊式生产，科技含量小，难以发展壮大。在文化与科技的融合过程中，简单做加法的现象还比较突出，一些企业停留在文化加科技的概念阶段：在生产领域，文化强科技弱，二者深度的融合意识还不到位，文化和科技"双轮创新驱动"的发展模式还没有完全建立。自主创新、二次创新不足，在技术的原创方面需要加强。以动漫行业为例，电脑绘图技术、渲染技术等关键技术长期被国外厂商垄断，本土应用水平不高，即使有好的创意，也难以通过先进的科技手段转化为优质的可视化产品。优质的文化科技产品较少，而有魅力、广传播、可持续的文化科技项目则更少。

## （三）科技文化融合人才有待培养

由于我国教育制度的约束，造成培养的人才文理分离，许多文化公司的高管不懂科学技术，尤其对高新科技比较陌生。在企业投入中，往往忽视科技这一块，造成湖南许多文化公司科技人才缺乏，科技设备短缺，科技难题无法真正得到解决，影响了文化产业的可持续发展。文化科技的复合人才比较缺乏。湖南省文化产业从业人员以加工制造类、设计服务类人员居多，人员结构比例中技术人员呈金字塔形结构排列，技术尖端人才和跨界复合型人才十分缺乏，存在人才结构性需求矛盾。同时由于体制机制限制，文化科技人才培养引进、使用激励等方面还不健全。

更为严重的是，人才流失很严重。沿海大城市凭借其雄厚的经济实力和灵活的经营机制在内地抢挖人才，造成湖南高素质的文化科技人才流失。同时，湖南在对外人才引进方面重视程度还不够，人才保障机制及举措也相对较少。以长沙为例，长沙市2012年共有从事文化产业活动的单位59882个，从业人员53.7万人，绝大部分为非正式编制。而上海文化产业从业人员为63万人，其中51.5%为正式编制人员。天津文化产业从业人员为14万人，52.3%为正式编制人员。长沙市文化科技领军人才和创新团队与其他大城市相比存在一定的差距，成为制约文化科技产业发展的瓶颈。

## 第三节　突破瓶颈促进成果转化

湖南文化产业与科技融合发展现在处于发展的关键期，要改变从事生产制作，贴牌加工、版权引进低附加值的劳动密集生产的现状，就要以政策环境资源、引进要素资源和市场要素资源三个驱动因素为抓手，从优化科技创新政策环境、促进先进生产要素合理配置、构建文化产品和要素市场三个方面，促进湖南文化产业向全球产业价值链高端跃升。

### （一）优化科技创新政策环境，夯实文化产业结构，优化升级的体制基础

文化与科技的融合，是两者的强强联合。目前湖南文化产业在科技上还处于相对较弱的阶段，信息化水平不高，缺乏核心技术是发展的瓶颈。这就需要建立相关激励机制，补齐这些方面的短板。在具体政策上，湖南省应该建立科技创新机制，对文化科技产业给予财政支持，创建产业协会促进文化科技融合发展。

首先，要尽快制定相关的规划和政策的落地细则，打通政策的顶层设计和落地实施两个环节。明确发展目标，部署重点任务，提出保障措施，对湖南文化科技融合工作进行积极指导和强力推进。建立跨界协作的决策机制，促进文化、科技、财政、税收、银行等相关部门协同联动。建立健全文化科技评价指标体系，在推进文化产业与科技融合的过程中，必须建立完善的评价指标体系，其对于推进文化产业与科技的有效融合具有非常重要的导向作用。

其次，在财政方面，进一步强化有助于文化科技创新的财政支持政策，形成多样灵活的财政政策机制，充分运用财政政策手段支持文化企业实施科

技创新工程。针对湖南省文化科技企业总体上"小、散、弱"明显,"高、精、尖"不足的特点,以及一些中小企业难以及时有效地获取信息资源的现状,市文化和旅游局(原文化局)和市科委可同专业的网络运营商合作,最大限度地集中科技资源和文化资源,形成专门的文化产业与科技融合的网络服务平台。平台集国内外行业咨询、产业动态、市场行情等信息于一体,在为文化科技园区、企业和个人提供搜集市场信息、发布企业产品、进行电子商务活动等方面服务的同时,为企业和个人提供专业的咨询、指导和评估,帮助文化科技企业特别是中小企业解答发展过程中遇到的问题,提供解决方案。文化产业与科技融合服务平台能够为相关企业、协会和个人提供诸多信息服务与发展指导,对文化科技企业的健康发展具有巨大的推动作用。

最后,建立文化产业与科技融合行业协会。行业协会是推动产业发展的主力军,应加快培育和建设有利于文化产业与科技融合的新型行业协会组织,加快推进管理的民主化、人员的专业化、服务的规范化、组织形式的社会化和运作模式的市场化,不断提升行业协会的服务功能。同时,积极开展行业标准制定、资质审核、业务培训、信用监督和调解纠纷等工作,逐步实现行业自律。加强行业协会同其他中介组织的联系,为文化产业与科技的融合提供全方位的提高文化科技企业的投融资能力。

## (二)促进先进生产要素的合理配置,打造文化产业价值链跃升的动力引擎

这里的生产要素的合理配置主要指文化资源与人才的合理配置,文化资源的合理利用可以保障整个文化产业价值链的有序跃升。为此,一是通过多种形式整合文化资源,构建公共文化资源服务平台,促进文化资源的共享与开放,使文化资源得到高集约度的利用;二是要认识到科技创新会推动新的主导产业群的形成,有效利用产业集聚带来的创新性、外部性、社会资本和规模经济报酬递增等效应,形成更具竞争力的价值联盟,各文化企业要以战

略眼光开放各种文化资源，使得产业价值链上的文化资源在联盟中能够得到新的组合与延展；三是要加强企业自身技术研发平台的建设，通过技术研发，不断提升企业的科技创新能力，提高文化产品的技术含量，增强企业在国际上的核心竞争力。

人才是文化产业价值链跃升的重要引擎，在人才引进方面，企业应积极引进战略性新兴产业以及传统优势产业高层次技术人才，提高文化内容创意与产品附加值，使得每条链的价值得到提升，从而提高文化产业的经济效益；引进大数据和新媒体营销人才，延伸文化产业的价值链，拓展高端业务和新型服务，引进既懂技术、创意，又善于产业的经营管理，集文化型、产业型、研究型和技术型等多种特质于一体的文化和科技融合综合型人才，提高文化产业的综合生产力和经济效益。在人才培养方面，通过加大人才培养创新力度，进一步完善人才载体建设，通过定向培养、人才交流等模式，增强企业自身的人才造血功能，保障人才资源在文化产业转型升级方面发挥积极作用。

除了人才的培育和吸引，还要打造文化科技融合团队，建立文化产业与学术和科研协同机制创新。一是培育多类型的产学研创意创新主体。充分利用湖南省内各大高等院校资源，鼓励社会各界，尤其是大学生、研究人员利用版权和创意等方式进行创业、就业，并提供基础的公共服务以及版权、专利服务，建立健全高水平创意创新人才自由流动机制和灵活使用机制。二是构建文化产业技术和服务平台。通过动漫产业的战略联盟以及一些专门的共性技术研究机构，建设共性技术研发和服务平台，同时支持和鼓励配音、音乐、译制、版权等共性服务企业进驻。三是发展文化产业创意和技术中介组织。搭建创意和技术中介服务机构与高校、科研院所之间的交流平台，建立优秀中介服务机构的政府推荐制。建立和完善创意创新资源开放共享的平台，构建第三方开放式创意创新平台，举办相关的产业论坛，与传媒大学合作进行国际交流等，强化、培育相关的中介组织。

## （三）构建文化要素市场，建立文化产业向价值链高端延伸的产业平台

湖南省文化与科技融合要充分发挥市场对文化要素的配置作用，通过政府的引导向高端的文化产业发展。因此，要建构文化要素市场，打造文化科技产业平台。

首先，创新文化科技平台管理机制。大力推动服务平台商业服务模式创新，集成和优化各类资源，促进企业之间的技术交流与业务合作；完善基础性和公益性平台绩效评估、运行保障支持机制，确保公共资源的开放共享；积极引进国内外知名的技术专利代理、投资咨询、财务、法律、猎头等中介服务机构。

其次，建立完善的现代文化市场体制，强化市场机制在产业结构优化升级中的作用。一是以文化资源的合理开发和产业化能力提升为重点，在发展传统文化产品市场载体平台的同时，加快建设依托新媒体服务平台、产品交易与中介平台、外包交易平台、版权交易平台、大数据信息服务平台、云服务平台、产业技术与信息公共服务平台，使得文化产品与科技资源的信息流通顺畅。构建面向不同受众群体的分众化消费市场，拓展文化产品传播分销渠道，降低交易双方的信息不对称风险与交易成本。二是建设多层次文化要素市场，加强人才、资本、技术成果、软件著作权、专利和文化品牌等文化生产要素市场建设，依托科技创新，有效提升文化生产要素市场运行的规范化和集约化利用程度。三是完善新兴文化市场准入和退出机制，助推新兴文化市场主体发展，利用科技创新成果，加强新兴文化市场监管，引导创新资源向产业链上下游企业集聚，将集群建设与经济发展、产业发展形成良性互动，发挥准入和退出机制在产业结构优化升级中的作用。

再次，创新文化业态，从创新产品技术、延伸产业链以及创造新兴产业三个方面实施产业结构的升级，培育和发展融合创意设计、营销推广和增值服务的新兴文化业态。一是主动迎合新经济条件下消费者新的或个性化的需

求，不断加强技术应用、升级和服务创新，开发和提供新产品和新服务，培育新型文化业态的利润增长点。二是鼓励有新想法、新创意、新技术的创业者或团队大胆突破，通过互联网金融等新型金融模式，推动满足新经济条件下消费者需求的新兴文化业态脱颖而出。三是立足实际加快发展数字娱乐业、数字广电业、数字出版业，以及数字艺术与设计业、数字广告与增值服务业等新兴文化产业。大力发展基于互联网及无线网络为传播媒体的新媒体产业，用数字技术改造传统文化业，扶持数字广电业、数字出版业和数字演艺娱乐业等的发展。此外，政府部门要明确产业结构优化升级的发展重点，降低新业态创业准入门槛，在部分领域放宽监管。实施龙头示范战略，重点培育新兴文化业态品牌企业、科技创新龙头企业，加强对新兴文化业态发展情况的研究、评估和预测，并进行追踪与监管。

最后，创建具有国际影响力的文化科技品牌。与发达国家文化市场相比，我国的文化市场结构仍然相对传统，文化企业尚未打造高质量的发展模式，湖南文化产业存在平均附加值较低、商业盈利模式不完善等不足，这些不足使湖南文化科技融合产业在国际竞争力上还处于相对较弱的阶段。比如，湖南出口的文化产品主要是传统的文化加工品，科技含量不高。通过几年的努力，在网络游戏、数字出版、动漫游戏方面有一定的突破，但是，多数是处于产品代理、加工等环节，尚没有独立的文化品牌出现。因此，湖南文化科技融合要拓宽视野，建立文化产业与科技融合的国际交流与推广机制。一方面，在"引进来与走出去"的双向交流中，为湖南文化企业"走出去"创造条件。另一方面，吸引国外的创意文化企业来湖南建立总部、分支机构和创意研发中心等，建立长期的合作关系，学习并吸收他们的先进经验和技术，打造国际交流平台，提升湖南文化产业与科技融合的国际知名度和影响力。

# 第四章　渠道裂变：长沙文化产业与网络融合发展之需

2015年3月的十二届全国人大三次会议上，李克强总理在政府工作报告中首次提出"互联网+"行动计划。2015年7月，国务院印发的《关于积极推进"互联网+"行动的指导意见》指出："推动互联网由消费领域向生产领域拓展，加速提升产业发展水平，增强各行业创新能力，构筑经济社会发展新优势和新动能。""互联网+"不仅仅是一个概念，更是一种商业逻辑和一种技术手段的结合，电子计算机技术和超文本技术，使信息的传输、存储、呈现方式都发生了翻天覆地的变化，在流通和使用环节广泛应用"互联网+"技术，提高内容流通和使用的效能。

2015年，时任湖南省省长的杜家毫同志在省文化和旅游厅（原文化厅）调研时指出，要做好"互联网+文化"这篇文章。这是对湖南文化战线官员的郑重委托，也是对全省经济社会发展关系、条件和基础、动力的深刻洞察。湖南省作为中部内陆省份，曾经创造了文化产业发展起步早、发展快的"湖南文化现象"，并引发全国的关注。当今，面对高新技术特别是以移动互联网为代表的信息技术迅速发展给文化产业带来的革命性变化，以及沿海经济发达省市对文化产业的迅猛发力，湖南文化产业站在了"不进则退"的关键节点，加快文化与网络融合已成为湖南省加快文化产业发展和推进"文化强省"建设的重要任务和发展方向。

## 第一节 "互联网+"文化春潮涌动

闻声而动,湖南省就"互联网+"文化开始了新的布局和建设,出台《关于推动传统媒体和新兴媒体融合发展的实施方案》,支持"新湖南"、"时刻"、芒果 TV 等新媒体平台做大做强。2016 年湖南新引进移动互联网重大项目 30 余个,全省移动互联网产业企业总数突破 2 万家,移动互联网产业年收入达 591 亿元,近 3 年年均增速超过 100%。

表 4-1　2016 年《湖南统计年鉴》文化和创意产业增加值(单位:万元)

| 产业 | 2014 年 | 2015 年 |
| --- | --- | --- |
| 文化信息传输服务 | 487603 | 502590 |
| 互联网信息服务 | 167472 | 137007 |
| 增值电信服务(文化部分) | 3070 | 4720 |
| 广播电视传输服务 | 317061 | 360863 |

为了吸引网络企业和人才,湖南省在北、上、广、深等一线城市举办多场移动互联网产业发展推介会。这些举措促成诸多知名互联网企业签约入湘,引凤入巢。为了创造好的产业环境,湖南成立了移动互联网聚集区,至今新增注册移动互联网企业已突破 300 家,注册资本总额达 23 亿元。

### (一)数字出版打造"出版湘军"新高度

加快推进互联网与湖南数字出版产业融合发展既是实现"数字湖南"战略的必然要求,也是实现"出版强省"目标的必然选择,更是顺应群众文化消费需求的必由之路。近年来,湖南互联网与数字出版产业融合发展取得了显著进展。一是融合规模日渐扩大。主要表现在收入规模持续上升、产品规模显著增加、用户规模增长较快。二是融合机制日趋健全。近年来，湖南数字出版企业心态更加开放，协作共赢心态加深，积极融入湖南文化与科技融合发展的浪潮中，与一些互联网企业进行联手、重组或兼并。同时，相关联盟、协会的成立，进一步健全完善了数字出版产业与互联网融合发展的平台与机制。如湖南出版单位"瞄上"互联网较早，近几年又频频发力，成绩显著。2014年8月，在长沙成立的湖南文化产业知识产权联盟为湖南文化企业进军互联网保驾护航。三是融合保障日臻完善。从国家层面来看，近几年我国数字出版产业保障体系在诸多方面得以完善与丰富，尤其在标准化建设和版权保护方面取得了较好的成绩，成为数字出版与互联网融合发展的有力支撑。从省级层面来看，为推动数字出版与互联网融合发展，省委省政府及直属职能部门出台了一系列举措加以扶持和保障。

数字出版不仅仅是将纸本数字化，更多的是要融入互联网之中，连接线上与线下，成为一个立体的联动的文化实体，对此，《潇湘晨报》很早就做出了尝试，他们建立了数据库和数字社区，打造社区人群综合服务平台。在湖南率先推出第一张数字报、第一份手机报，成功抢占移动终端渠道，率先开启湖南的"触读时代"。通过实施"SNS（社交网站）+LBS（基于位置服务）"新媒体工程，全面运营96360呼叫中心，建立全媒体运营客户数据库，构建客户端群、手机报群、电子杂志群和工具网站群，形成了锁定社区人群生活服务的辐射式运营格局。他们建立大湘网，上线不到半年发展成为PV（页面浏览量）过千万元、营收过2000万元的湖南最大、最具影响力的生活门户网站，实现了当年创建、当年营运、当年盈利的佳绩。此外，推出老龄数字生活平台——枫网，全面关注中老年退休生活，除提供健康养生、兴趣爱好、老年旅游、历史专题等新闻资讯外，还为中老年网友在线提供情感咨询、法律援助、老年理财等实用服务以及适合老年网友使用习惯的电子商务平台。

在宣传媒体方面，互联网融合更是做得有声有色，以长沙晚报集团为例，他们推进媒体融合发展，积极打造"一平台、四媒体、三矩阵"的全媒体平台体系，进一步提升媒体传播能力建设。

一是成立全媒体运营中心着力建设全媒体采编数据平台，实现了先网后报的采编流程创新，推出微报纸、微网站、长沙晚报网、长沙晚报数字报付费墙等一系列新产品。

二是集中全力打造"一报、一网、一端、一屏"四媒体。不断做大做强做优主报《长沙晚报》，做"厚报时代的精装本"，2014年11月至2015年4月《长沙晚报》阅读率达到21.9%，成为当之无愧的"长沙第一纸""湖南最好的报纸"；具体落实市委宣传部"三个多出"任务中的"星辰在线改造升级计划"，打造最具影响力的城市门户，整合形成网络广告集成发布、智慧社区建设、移动互联网开发、影像视频运维等资源优势；在市委宣传部、市经信委、市财政局的大力支持下，将"掌上长沙"打造成为集新闻、政务、生活服务于一体的移动互联网综合服务平台，用户超百万的战略级产品和新型主流媒体，纳入长沙"智慧城市"建设，2016年3月全新改版上线推出移动政务大厅等新功能；星沙时报、高新麓谷先行先试，推出电子阅读屏和户外大屏。

三是官网集群、电商矩阵和微媒体矩阵"三矩阵"初步形成影响力。星辰在线已建成党政部门官网近10个；2015年3月"星滋味"全媒体电商平台公测上线；形成包括"微报纸、微网站、微博、微信、微视觉"在内的五个微媒体矩阵，长沙晚报各部门、集团各系列媒体现已推出了官方微博账号30多个、官方微信账号40多个，其中长沙晚报新浪官方微博用户近120万人，微信用户总数超50万人，影响力总排名居全国百强前列。集团各媒体积极进行观念创新、内容创新、形式创新、手段创新、载体创新，从提升判断力、提升公信力、提升采集力、提升发布力、提升亲和力、提升覆盖率、提升技术驱动力七个途径全面提升传播能力，进一步巩固党报集团作为主流媒体的影响力。

四是推进媒体大融合。打造全媒体采编平台，着力推进集团移动采编系统等采编数字平台升级改造工程；打造立体传播平台，全力建设"一中心、四媒体、三矩阵"的全媒体传播体系；打造品牌活动平台，进一步优化"相约长沙最美乡村""胜利花"等原创活动品牌；打造市民问政平台，做强做优草根互动栏目"你说话吧"、96333便民服务热线、星辰在线"问政长沙"频道、"掌上长沙"移动政务大厅等；打造舆论监督平台，做好"文明观察台""独家调查""核心报道"等专栏，强化《长沙晚报》内参和星辰在线舆情报送制度。

## （二）网络影视延续"电视湘军"辉煌

2014年4月，全新的芒果TV网络平台出现在观众面前，湖南广电通过再次对原芒果TV和金鹰网进行整合，率先在业内提出"芒果独播"战略，自制节目的版权不对外销售，独播品牌栏目为芒果TV创造流量，充分利用原有的粉丝力量，全面建设芒果TV的平台业务。这不是单纯的"互联网+湖南广电"模式，而是"湖南广电+互联网"模式，传统电视媒体主动出击，借用互联网，打造视听新媒体平台，建立芒果TV的品牌优势。

湖南电广传媒股份有限公司更是以大手笔来为文化互联网产业融合排兵布阵，以抢占网络影视这一新兴市场的高地。他们马不停蹄地收购了九指天下、亿科思奇、北京掌阅、安沃传媒、金极点、成都古羌、上海久之润七家公司。前四个公司是广告和分发平台，后三个是内容平台，欲以打造制、播、销一条链平台。在收购的同时，湖南电广传媒仍然以内容为王，近些年大热的电影如《致我们终将逝去的青春》《被偷走的那五年》《滚蛋吧！肿瘤君》，湖南电广传媒都有涉及投资出品和发行。为了将优势文化资源纳入囊中，电广传媒还收购手游类和书网之类的公司，建立了形成以翼锋科技、亿科思奇和九指天下为架构的分发平台，以马上游、安沃传媒、看书网、久游网和金极点为核心的内容平台。通过这些平台的建立，湖南电广传媒有限股份公司成了影视、网游、广告、网络小说、音频、衍生品全产业链的IP资源龙头。

此外，湖南演艺在融合之路上也走得不错。以湖南演艺集团为例，作为八大省管文化企业之一，湖南省演艺集团积极延伸全演艺产业链，走资源整合、跨界融合发展之路。集团将演艺业与互联网融合，打造"互联网+"智慧美育平台，推进"演艺+互联网"项目，将有线电视终端用户与演艺直播点播及衍生产品开发结合起来，打造国内领先的演艺节目直播分发平台，同时还稳步推进演艺点播平台项目、打造洋湖演艺乐园、合作运营校园剧场。演艺集团还准备进行拓展艺术培训，创立公共文化服务品牌，支持大剧院托管运营方式，根据需求打造"亲子小剧场"。

## （三）网络会展打造"会展湘军"新平台

湖南文化底蕴深厚，经济建设和社会发展取得了长足的进步，在会展业的发展目标上提出了打造"会展湘军"的宏伟目标。为此，湖南加快整合展览场馆资源，加快展览公司的资源重组，提高管理水平，增强竞争实力。要完善会展业行业协会，加强行业内部协调，建立资质评定制度和约束机制，维护公平、公正、公开的环境和竞争秩序。依托湖南自身的资源优势和独特的区位优势，组织策划适应本地经济发展的各类自办展会，培育会展市场。湖南充分发挥现有会展企业作用，鼓励兴建、组建有规模的展览集团公司，兴办集设计施工、展览装饰、广告宣传、展品传输、服务接待于一体的复合型展览企业，逐步形成以大型会展企业为龙头，以中小型会展企业为辅助，各类会展专业服务企业、宾馆饭店、旅游服务相配套的会展市场主体体系。重视发挥行业中介组织的作用，积极构建会展企业之间、企业与政府之间的桥梁。随着"互联网+"的兴起，互联网与会展业的跨界融合，也成为湖南省文化与互联网融合发展的新亮点。

线上线下融合是会展业不可否认的未来趋势，由于湖南城市人口在中部地区排名靠后，实体展会参展人数有限，规模效应难以呈现。文化会展业线上"虚拟展会"加线下"面对面交易会"的虚实互补组合方式，正快速在行业内发展并进行渗透。线上"虚拟展会"主要是在网络平台上完成，俗称"网络会展"，它能聚集广泛的人脉，具有不限参展人数和商品数量不受场地限制的优势，突破了空间和时间的束缚。湖南的"虚拟展会"已初具规模，未来前景远大，正在成为文化会展行业新的业态。

"虚拟展会"是信息化、数字化等新兴技术在会展业中广泛运用的成果,为助推湖南省会展业的转型升级,涌现出许多创新的商业模式。例如,中国中部(湖南)国际农博会变身为线下展示和网上销售的新模式,并结合互联网超时空限制的特点,变成了移动互联网上"永不落幕"的农博会,成为年度专业观众最多、成交金额最大的重点展会项目。2013年开启的"全球房地产金融峰会中部峰会"以长沙德思勤城市广场为会址,面向全球发布德思勤物业价值评估,为"峰会+产业"模式提供了样本,以"德思勤模式"打造的"金融文化产业中心"的模式受到热捧,有关专家也给予了充分的肯定。从线上线下会展的融合发展,到会展科技资的融合,都充分体现出"会展与网络融合发展"的整体趋势。

互联网与展会的融合,更是可以延伸会展业的产业链条。通过深度挖掘、整合、联动相关资源,在展会、会议、节庆协调发展的基础上,可以拓展和延伸相关产业链,促进会议、展览、节庆与商贸、物流、旅游、文化、广告、媒体、演艺、体育等相关行业的融合发展。在2014年中国长沙国际食品博览会的运营中,该展会采取了组建专业营销团队、建立客服中心、开发客户管理电子系统及二维码、实施境外第三方代理、启用微信官方推广平台等多种专业化和市场化的方式,有力促进了预期目标的实现。又如,在文化会展方面,引入"互联网+",2015年举办的湖湘工艺美术创意成果展实现线上与线下联动传播,文物博览会通过线上线下同步预展、同步拍卖的模式,极大地增加了文博会的容量,吸引参展商6300家、收藏爱好者7万余人,总成交额5.1亿元,其规模和成交额稳居国内文物博览会第一。

随着"互联展会"产业的发展,整合湖南会展业的网上平台也呼之欲出,"湖南会展"官方微信平台上线,"湖南省会展网"创建,可以实现会展信息收集、传递、处理的电子化和自动化。搭建了场馆管理信息平台,推进了工程机械、会展平台建设,发展了网络展览、网上交易会等新兴平台建设,实现实物展览与网上展览、现场交易与网上交易良性互动。

## 第二节 融合互动价值链传输乏力

湖南文化传统和资源深厚，企业并不缺乏可利用的文化资源，但缺乏深度创意，同时也没有找到适合的商业模式，文化产业的效益不高。因此，湖南文化与互联网产业融合发展面临创意缺乏的困境，主要包含三个方面：创意内容不够，商业模式单一，品牌效益不足。

### （一）创意内容不够，网络精品力作急需内容输血

互联网文化产业在经历了渠道为王、终端为王后又回归到内容为王的时代，内容资源的积累应该是互联网文化产业的基本。缺乏创意内容资源的支撑，文化与网络技术融合就如无源之水，难以维系。

首先，大量文化资源尚未转化为数字文化产品。湖南文化资源丰富，但大量的资源仍然以实体形式存在，尚未整合成数字化、网络化的资源，如民间工艺品、民间书画、民间美术、民间古玩等民间文化产品收集、整理、加工过程中信息化应用不足。又如，湖南的烟花鞭炮、陶瓷等特色重点行业机械化水平有待提升，信息化更显滞后。

其次，湖南文化互联网融合意识还比较滞后，特别表现在基础建设上，信息化设施依然不足，基于"互联网+"、大数据的现代信息化基础设施建设滞后，基层文化管理部门信息化水平不高，大量中小文化企业信息化建设投入严重不足。

最后，创意是企业最好的标签，突破创意瓶颈是每个企业都需要继续努力的方向。创意的网络化，不仅仅是将创意内容纳入网络中，更要以"互联网思维"这一新观念来融合创意。新媒体产业成为文化产业的主要组成部分，由网络催生的数字化生产与传播、数字化管理与消费，让新型传媒产业如虎添翼，成为成长最快的文化产业形态，传统的传媒产业也纷纷搭上互联网快

车。湖南文化产业以"影视湘军""动漫湘军""出版湘军"等声名远扬，但是在互联网上，更多的是内容的移植，大部分企业停留在将原有的文化产品放在网上的阶段，还没有真正做到"网络化"。互联网最根本的特征就是"集成""互动"，网络内容创意要贴合网络思维，以一种开放、平等、互通的姿态来进行内容传播。例如，湖南的历史文化传承给文化产业的发展带来丰富的文化资源，但传统资源不一定符合现代人的审美观念。一些文化创意产业过分强调传统文化的"原汁原味"，对互联网产业的商业推广了解不深，一味地满足于"小众趣味"陷入"文化圈子"的自我欣赏之中，在融合发展中反而束缚了手脚，企业无法做大，甚至影响到企业的生存。此外，有些传统文化创意产业的规模生产方式和操作理念缺乏商业价值观和发展理念，很难与互联网平台上海量的用户需求融合，也影响了此类企业的发展。如何将文化资源变成文化创意，使其焕发生气，对湖南文化互联网融合发展无疑是巨大的考验。再如，芒果TV独播战略，虽然可以集中优质影视资源形成优势，但它又与互联网资源共享与开放的精神相悖，独播的发展能不能长远，更需要创新商业模式实现盈利以支撑其可持续发展。

## （二）商业模式单一，产业优化有待加强

互联网传播文化，又改变文化生态，为文化产业内容创新和持续增长带来了新的动力。一方面，互联网通过观念、技术和模式创造了新的文化生产方式和产品形态；另一方面，又引发文化产业在商业模式、资本运作及传统业态转型等方面的变化。所以，对于文化产业，企业首先需要探索适合自己的商业模式，商业模式建立起来才能形成产业。湖南网络企业在商业模式选择和创新上与发达地区存在一定的差距。早年腾讯公司就提出"泛娱乐"战略融合发展模式，抓住市场需求，以网络平台为基础，进行电影、音乐、动漫等多领域、跨平台的商业拓展。从产业链上下游纵向来看，它们贯通资金、内容制作、明星打造、宣传推广、发行销售、衍生产品等各个环节，互联网颠覆了经济，也颠覆了文化产业，形成了新的"文化产业生态链"。它们打通

了互联网产业链，形成了全新的产业平台。领先一步的布局和发展，使得腾讯有了无可比拟的优势，而复制它们的模式也存在一定的困难。但是，还是说明商业模式的创新是互联网文化产业从量变向质变飞跃的关键。

随着"互联网+"的深入推进，湖南省内的企业有意识地开发网络文化产品，但往往产品被有效地开发出来而尚未形成完善的商业运营模式。一些文化创意产品在互联网市场的环境中，还只是将互联网作为一种传播途径和工具，并没有将互联网思维吃透。因此，在商业运作和经营上还是传统的思维，"互联网+"的优势并没有完全利用。如以 IP 资源为主的商业模式中，湖南并没有占到先机，存在核心 IP 资源的不足与 IP 资源开发过度并存的问题。湖南互联网文化产业还要发挥湖湘文化"敢为人先"的传统，不仅要及时学习借鉴新的商业模式，更要创新出彩，先行一步，开创新的商业模式，引领文化互联网融合的潮流。

## （三）品牌效益不足，企业急需做大做强

受整体投入不足、总部型互联网企业偏少等因素的制约，湖南文化产业发展企业总体规模不大。总部型、超大规模型平台公司不多，湖南缺乏 BAT（百度、阿里巴巴、腾讯）类大平台，这就导致文化产业相关企业受到挤压，企业之间同质化严重。例如，长沙市共有移动互联网企业 1825 家，其中规模以上企业 93 家，仅占全部移动互联网企业的 5.1%。服务业企业规模偏小，93 家规模以上企业中服务业企业 59 家，占比 63.4%，共实现营业收入 70.3 亿元，占规模以上企业的比重仅 30.1%；企业平均营业收入 1.19 亿元，只有工业企业的 24.9%。规模小直接的影响就是，移动互联网企业经营效益不佳。移动互联网企业，特别是服务业企业，技术研发、市场培育等前期投入较大，很难在短时期内产生经济效益，企业经营压力较大。2015 年规模以上企业实现利润总额 20.9 亿元，比上年下降 4.7%，其中工业企业实现利润总额 11.0 亿元，比上年下降 5.4%；服务业企业实现利润总额 9.9 亿元，比上年下降 3.9%。93 家规模以上企业中，年度亏损的企业有 19 家，亏损面为 20.4%；

第四季度亏损的企业有 25 家，亏损面达 26.9%。

只有品牌化的产品和服务才更容易获得市场的认可，湖南有一些打响了的文化品牌，但新品牌少，几乎都是电视节目服务类的品牌，从传统媒体输入网络媒介之中，而且这些品牌还存在过度开发的状况，尚未形成良性循环。面对激烈的竞争，湖南的文化企业急需扩大规模，以规模优势形成互联网旗舰品牌。如天娱传媒、芒果影视文化、芒果娱乐、天娱广告、芒果互娱、快乐阳光（芒果 TV）和金鹰卡通，湖南广电将这些公司打包在一起。7 家公司中，3 家拥有"艺人经纪+内容制作"的业务板块，1 家承担广告业务，1 家承担广告营销服务，1 家是互联网视频平台，1 家专注于儿童节目。这些公司虽然各有优势，但都不是行业龙头，只有打包在一起才能发挥协同效应。从内容制作、生产到播放、发行、广告以及游戏全部覆盖了影视产业链的上下游，形成了产业闭环。这样的尝试，是湖南广电走规模化文化产业的重要举措，在巨大合力下，湖南网络视频平台——芒果 TV 的品牌效益逐渐显现，其公司营收从 2014 年的 8000 万元，增长到 2015 年的 10 亿元。截至 2014 年 4 月，芒果 TV 全网日均活跃用户数超过 3900 万人，PC（个人计算机）端视频播放月覆盖人数达到 1.4 亿人，手机 App 安装激活量达 2.86 亿。互联网市场的竞争是非常激烈的，湖南文化互联网企业还要多出几家这样的旗舰大鳄，才能有机会在以后的市场竞争中凸显出湖南文化的强大生命力。

## 第三节 整合产业要素，建构网络文化高地

就湖南而言，因为地处中部地区，文化与互联网产业融合发展起步还相对较晚，文化的信息化、知识化、科技化、融合化发展还落后于沿海发达省市。除此之外，存在着许多问题：互联网文化产业领域还没有形成较为完善健全的统一规划、统一管理、统一包装、统一运营的机制；文化内涵深度挖掘与利用能力还有待强化，文化的外向度还有待拓展；创意文化与互联网思维之间缺乏深层次的合作交流，文化资源与相关产业的融合度还不够充分，

集聚效应不显著；文化品牌知名度和竞争力还有待提高，文化的传播力、辐射力和吸引力还不足，文化综合实力需要进一步提升；等等。发展互联网文化产业急需整合各个产业要素，形成网络文化和产业建设的新高地。

## （一）营造良好环境，培育龙头企业

要打造湖南文化互联网企业的旗舰大鳄，第一步就是要在顶层设计上重视文化创新规划。"互联网＋"在很多层面给文化产业带来的是颠覆式的影响，需要进行全方位的改革。而改革是一项系统工程，这就要求政府在推动文化产业发展中必须以战略管理的高度重视文化创新，对实现文化互联网产业融合具有推动作用的文化创新产业体系的各方面、各层次、各要素进行统筹考虑，设计相应政策，培育龙头企业。因此，在顶层设计上要充分利用好国家关于"互联网＋"战略计划的相关政策，制定符合湖南省实际的"互联网＋"文化产业发展的政策。

首先，湖南各级政府应围绕服务企业发展和推动用户使用，主动作为，抢先发展，营造良好的产业发展环境。一是完善发展政策。比如，由于国家暂停"双软"企业认定，而湖南省未出台相应的配套政策，企业不能享受相关税收优惠，增加了招商引资工作的难度，特别是一些大企业不愿将总部放在湖南，造成税收流失的状况。所以，应该尽快接续国家废止的"双软"认证，出台地方政策，使企业享受税收减免，保持政策的延续性，消除企业的后顾之忧。二是支持企业创新。加强技术创新的应用推广，对重大技术创新以示范工程等形式在实体企业中鼓励推广应用；充分运用创新空间，营造良好的创新创业生态环境，吸引移动互联网企业和人才进驻。三是提升使用环境。加强基站建设，填补非商业区域免费流量使用空白，在各园区和人流量大的学校、图书馆、地铁、公交车及站台等公共区域建立免费Wi–Fi站点，把湖南打造成移动互联网应用示范区。

其次，要改进工作手段，提升服务水平。移动互联网企业数量多，绝大部分规模小、流动性大，要适应新的情况，改进工作手段，提升服务水平，注重管理和培育。一是搭建管理平台。要运用移动互联网技术搭建管理平台，宣传政策精神，促进相互交流，增强管理的灵活性、及时性和准确性，以管理平台搭建企业的"连心桥""直通车"。二是实现动态管理。要将每一家企业全部纳入管理服务平台，动态掌握企业注册、建设、投产进度和经营情况，及时清理退出破产、倒闭企业，并反馈给工商等部门予以注销。三是抓好重点企业，培育龙头企业。加强企业服务，抓好培新育小，既要加强引进企业，更要重视企业后期发展。要根据企业规模、人数、业务方向等情况建立重点企业名单，开展一对一、面对面的服务，掌握详细情况，进行重点培育，从中发展壮大出龙头骨干和行业领军企业。四是调整产业布局。在长株潭这一互联网企业和文化产业的集聚区率先建立"互联网+"文化产业示范区，利用产业集群的优势发展文化产业，鼓励全省其他地区根据本地资源特点发展"互联网+"文化产业。

## （二）融通提质文化内涵，跨界打造泛文化产业链

互联网时代，科技固然可以颠覆文化产业发展模式，但是文化产业核心还是内容生产，要充分发挥其优势。内容供给是湖南互联网文化产业发展的一个基础薄弱环节。把湖南多彩的民族文化资源、悠久的历史文化资源、丰富的红色文化资源、前沿的影视动漫文化资源挖掘出来，首先就是要将这些内容数据化，扩大湖南互联网内容的文化内涵，并与互联网紧密结合，充分利用互联网平台的开放效应和包容的互动效应，实现资源开发的多向宣传，众创开发。依托数字化采集和存储技术、数字化复原和再现技术、数字化展示和传播技术、虚拟现实技术等现代化技术手段，大力推进文化产业基础数据、业务数据和管理数据三类数据源建设，全面提升文化产业数字化水平。一是文化内容的数字化。通过现代信息技术将文化产品和服务转换为计算机信息系统能够识别、存储与输出的数字代码，并通过信息网络无边界地传播和共享。如将图书、报纸、杂志等数字化以培育壮大数字出版业，将文物古迹数字化进行网络展示等。二是文化生产的数字化。在文化产品的设计、生

产车间的打造以及生产管理过程中大力推进数字化,在设计阶段,依托大数据进行信息采集,利用现代信息软件,按照目标消费者的行为偏好进行产品设计;在数字化生产车间打造上,积极利用工业机器人、数控装备等现代技术,打造智能化、数字化的生产体系;在生产管理上,引入信息管理系统,打造形成无纸化、实时化的管理体系。三是文化营销的数字化。利用物联网等工具,通过在线展示的方式,向消费者传递产品功能、使用方法等信息,通过电商、社交媒体、微博、微信、自媒体等,形成快捷的文化产品信息发布平台,有效地将实体销售转化为网络销售。四是文化消费的数字化。消费者利用数据化智能终端设备来获取、分享、购买、传播文化信息和服务,各类平台通过在线交易和消费评价,形成区别于传统线下交易和在场体验的消费模式。

在内容提升和充实的基础上,湖南文化互联网融合更要跨界连接打造,形成泛文化产业链。搭建平台打造一批"文化+互联网"跨界企业,要充分运用互联网平台,实现文化、艺术、科技、人才、资金的自由连接,要充分鼓励文化创意与其他产业融合,实现产业间的自由跨界。在良好的文化创新生态体系里,打造泛文化产业链。要挖掘平台的政策咨询、投融资、技术指导、运营管理功能,提升文化产业信息化能力。在对龙头企业扶持的同时,也要对小微文化企业进行孵化,利用创意文化孵育出未来的大公司、大企业。一是要积极推动平台载体的设立,要鼓励文化产业集聚区、文化企业、高等院校、科研机构及社会力量建设创意孵化器,培育创客空间、创业咖啡厅等新型孵化器,打造形成集工作空间、网络空间、社交空间和资源共享空间于一体的文化产业信息化孵化基地。二是要鼓励各类平台的开放共享,推进服务外包对接、创新成果展示交易、创意设计资源共享、基础数据库、数据测试等平台共建共享,提升文化产业公共技术服务能力。

## (三)构建多渠道盈利模式,实现文化商业双丰收

湖南广播电视台台长吕焕斌曾说过,"在传统媒体与新媒体的融合发展

中，我们要学会做互联网的老板，而不是给互联网打工"。不为互联网"打工"，就是要找准文化互联网融合的盈利模式，以市场来推动产业的融合发展。文化产业形态不同、种类不同，其盈利模式也必然各有差异。互联网文化产业新业态要开辟和构建新的盈利模式，既离不开对成功盈利模式的借鉴，更需要自身的开发和创新。既要依靠国家政策扶持、财政拨款，又要实现市场化、商业化的经营管理。只有内外结合、共同开发，才能实现盈利的多渠道、多形式和多内容。

首先，加强文化网络企业之间的合作。通过市场行为，以兼并和收购等方式，可以进行产业的资源配置。湖南文化与网络融合可以通过小企业之间的相互合作，或者以大企业并购小企业的方式，提高整个产业内的经济协同效应。从更高的层次来看，在不同产业之间，不同规模的企业可以通过技术、市场、人才等多种途径加强合作，对自身的价值链进行延伸或重组，最终形成文化科技融合的大企业。通过互联网大企业的助推，进行线上线下的产业布局，拓宽与创新传统文化产业的营销渠道，最终形成具有优势的互联网文化品牌。

其次，加大创新研发投入。创新是互联网不断发展的不竭动力，文化创意也是如此，没有优质的文化创意产品，互联网文化将是"无米之炊"；而互联网技术的一次次创新给文化传播和经营也带来前所未有的广度和强度。以往文化产品简单"克隆"和"嫁接"已经不适应互联网文化的发展，应该开发更多创新的文化产品，贴合技术的创新，让互联网内容更有深度，让文化传播更有广度。

最后，灵活选择产业融合模式。互联网的发展给企业经营发展也带来了革命性的冲击。企业的规模大小、实力强弱，都有着自身的发展优势和规律。在文化创意方面，也出现了大量以小博大、以新出彩的互联网企业。而大的互联网企业在文化产业经营上也存在巨大的优势，可以动员大量资源推出文化创意产品，并以此开发出贯穿不同产业链的经营模式。因此，不同的互联网企业在开发经营文化产品的时候，应该灵活选择不同的产业融合模式。

# 第五章　业态创新：湖南文化产业与制造业融合发展之谋

我国是一个制造业大国，近年来，随着产业结构调整、经济转型升级的加速，我国文化创意和设计服务等产业逐渐渗透到制造业、建筑业等实体经济领域，为文化创意产业与制造业融合发展提供了强劲动力，进而推动制造业产业结构升级，使制造业发展从价值链低端向高端迈进；而制造业在转型升级中对高附加值的中高端文化创意元素的需求，也促使文化创意产业向更高层次发展。随着"工业4.0""中国制造2025"等概念的提出，实现我国由以往的"制造大国"转变成"制造强国"，由"低端制造"转变成"高端制造"，文化创意产业与传统制造业融合发展已成必然趋势。

2014年3月14日，国务院出台了《关于推进文化创意和设计服务与相关产业融合发展的若干意见》（国发〔2014〕10号）的文件，明确指出要加强文化产业和相关产业的融合，提升我国文化创意产业的核心竞争力和整体质量水平，文件还就相关融合发展工作提出了明确要求。

湖南作为制造业大省，当前正处于"速度换挡期、结构调整期和动力更新期"，抓住当前产业融合发展机遇，以文化创意产业引领制造业转型升级，对转变经济增长方式，增强自主创新能力，加快实现"湖南制造"向"湖南智造"转变具有十分重要的意义。近年来，湖南省制造业发展迅猛，形成了门类比较齐全的制造业体系，工程机械产业、轨道交通产业、超级计算机产业等在全国乃至全球经济版图中都占有重要地位。有如此雄厚的制造业基础，有如此显赫的市场地位，有如此傲人的竞争优势，"湖南制造"理应在未来的高端制造方面占有重要的一席之地。近年来，围绕高质量建设制造业，湖南推出了一系列政策和文件，特别是全省科技创新大会召开之后，很多政策既对接《中国制造2025》，又立足湖南产业基础，集聚各类资源要素，重点关注智能制造业，加快推进"湖南制造"向"湖南智造"的跨越。2016年11月，长株潭成功获批"中国制造2025"试点示范城市群；2017年4月，工信部又正式批复将衡阳市纳入长株潭"中国制造2025"试点示范城市群。

作为"智"造中心，2016年，长沙高新技术产业累计实现总产值9569.2亿元，同比增长17.0%；实现增加值2868亿元，同比增长16.2%，高新技术产业增加值占GDP的比重为30.8%。全市高新技术产业共涉及国民经济行业小类336个，较上年扩大至医疗服务、环境治理等行业，高新技术产业涉及的行业小类占整个国民经济行业小类数的比重为36.8%，即全市高新技术产业已覆盖国民经济细分行业的近四成[①]。2015年1月，长沙市正式出台了《长沙市加快推进文化创意和设计服务与相关产业融合发展行动计划（2015—2017）》，提出将通过加大财税支持、加强金融服务、强化人才保障、完善知识产权保护运用等政策措施，推动创意设计与制造业、科技、现代农业等相关产业深度融合，力争用三年的时间使长沙文化创意和设计服务的创新驱动能力显著提升，基本建成具有重要国际影响力的区域性"创意设计"中心、世界媒体艺术之都、国际雕塑艺术之城和国际文化名城。2015年8月，长沙出台了《长沙智能制造三年（2015—2018年）行动计划》，提出到2018年年底，实现制造业重点领域智能化水平显著提升，试点示范项目运营成本降低30%，产品生产周期缩短30%，不良品率降低30%。经过这些年的发展，长沙制造业与文化产业融合进程不断加快。

---

① 邓细锋：《2016年长沙高新技术产业产值突破"九千亿"》，湖南统计信息网，http://www.hntj.gov.cn/tjfx/sxfx_3488/zss_3489/201702/t20170224_621479.html。

## 第一节　文化产业推进制造业转型蜕变

### （一）"智力"实质化加快，新兴制造业不断涌现

随着全球经济结构的调整，传统制造产业面临生存挑战，延伸价值链成为许多国家和地区实现传统制造业转型升级的关键。早在1992年，台湾宏碁集团创办人施振荣先生提出了著名的"微笑曲线"理论，根据该理论，从研发设计到生产制造，再到销售服务的产业链两端附加值高，而中间段的附加值较低，因此，处于"微笑曲线"两端的研发设计和销售服务是利润丰厚的区域，而且盈利模式通常具有较好的持续性；而处于笑脸中间底部区域的生产制造只能获得较薄的利润，而且由于相对较低的进入门槛，这一部分竞争激烈，可替代性强，又进一步挤压了利润空间。这一理论提出后，为台湾产业经济结构转型和制造业升级指明了方向。

制造业，特别是一般的制造业，由于附加值低，利润空间小，只能通过不断扩大产能维持较低的利润，而一旦市场出现萎缩，产品销售下降，就会陷入经营困境，所以企业都在想方设法往高附加值方面发展，以提高企业的生存能力。对于传统制造业而言，尽管转型困难重重，但是"在产业融合的情况下也能促进创新要素、创新成果、创新资源有效配置和流动，提升企业整体竞争力"[1]。

近年来，湖南将烟花、湘绣、陶瓷等代表湖南地域特色的传统文化产品也作为科技攻关的重点文化创意产业予以扶持，传统文化品牌的发展迎来了春天。长沙利用资源优势，运用创意设计对湖南湘绣城、沙坪湘绣产业园等

---

[1] 张胜冰、王璠：《试论文化创意产业对台湾制造业转型的推动作用》，《中国海洋大学学报》2014年第6期。

进行全面提质改造；以铜官窑遗址为核心开发由此衍生的陶瓷文化及创意产品；充分利用浏阳市烟花品牌，大力开发烟花系列文化创意产品。打造了一批具有国际竞争力的传统文化创意品牌，使传统制造业焕发了新的生机。

长沙浏阳是烟花的发源地，是湖南烟花的主产地。自康熙年间，浏阳花炮开始规模化生产，产品远销南洋。到1949年后，浏阳花炮外销至一百多个国家和地区。1995年，浏阳市被授予"中国烟花之乡"称号；2003年，国家质检总局对"浏阳花炮"实施原产地域产品保护；2004年，国家工商总局注册"浏阳花炮"驰名商标；2006年，浏阳花炮制作工艺被列为国家首批非物质文化遗产。随着行业发展与转型提质，花炮生产由传统的化工制造型向新兴创意型业态提质转变，文化创意产生的附加值在烟花产业产值所占的比重日渐提升。长沙站在创意经济的时代高度，从创意产业的全新视野来审视和发展浏阳烟花，将烟花与创意结合，形成新的烟花创意业态。长沙市重视烟花创意研发，通过规划和建设烟花创意产业园区，打造"烟花创意湘军"，创造湖南文化创意产业新的增长极。近几年，长沙全面促进花炮产业与文化产业融合，使得花炮从传统制造产品，到产业融合发展，经历了火与光的多次涅槃，实现了一次又一次的飞跃。"浏阳国际烟花文化节""湘江橘子洲头焰火晚会""北京奥运会""伦敦奥运会""亚运会""国庆六十周年""上海世博会"等焰火的成功燃放，使长沙浏阳花炮的传统文化和现代工业文明与当代艺术创意高度融合的文化盛宴以极强的穿透力进一步印入世人心中。2011年，浏阳花炮产业实现销售收入141.4亿元；2015年，浏阳花炮实现总产值220.1亿元，其中出口销售额30.3亿元、国内销售额139.1亿元。

湘绣是湖南的传统特色手工艺品，以浓郁的湘楚地方文化特色和高超的刺绣艺术而闻名天下，是中国的四大名绣之一。湘绣拥有多项核心技艺，具有引领性、创新性和高艺术附加值的特点。2006年，湘绣入选第一批国家级非物质文化遗产；2008年，长沙沙坪金球湘绣有限公司生产的"金球"牌系列产品被认定为"中国驰名商标"，实现了四大名绣及刺绣行业"中国驰名商标"零的突破。近几年来，湘绣技艺不断推陈出新，根据画面和面料效果的需要，调整绣线的疏密、纵横和虚实。在不失湘绣工艺基本特质的同时，对传统的工艺程式进行突破，增加时代的新兴元素，形成视觉上的冲击力。

红瓷是艺术与科技融合而产生的工艺美术新品类，中国红瓷器与菊花石和湘绣一起并列为"长沙三绝"。成立于1997年10月的长沙大红陶瓷发展有限责任公司（原长沙华红实业有限公司），是全世界唯一能生产高温大红色瓷器的民营高科技股份制企业。该公司致力于弘扬中华民族优秀传统文化和湖湘文化，把"中国红瓷器"创造成极具湖南特色的国际品牌。一件件美轮美奂、釉色鲜艳的大红瓷器，展示着艺术与科技的完美融合，也展示着科技创新的无限活力。2011年，"追梦中国红"的大红陶瓷跻身"中国文化品牌价值排行榜"文化创意品牌分榜前十，长沙成为"红色瓷都"。近几年来，长沙大红陶瓷公司顺应红瓷产业从日用陶瓷向艺术瓷器方向转型的趋势，不断推出极具艺术观赏性和文化含量的产品，受到了市场的广泛欢迎。

同样，作为中国唐朝彩瓷的发源地，长沙铜官窑制陶技艺带动了铜官窑陶瓷产业的兴盛。长沙府窑陶瓷艺术有限公司由湖湘名品工程全国推广中心、湖南湖湘名品产业发展有限公司投资创立，集陶瓷茶具、礼品、环境陶艺设计、研发、生产、销售及陶茶文化传播于一体。在铜官古镇投资建设了4000多平方米的现代化大型陶瓷茶具生产基地，依托行业领先的生产加工设备，构建集产品研发、设计、生产、销售于一体的完整产业链。府窑陶瓷以艺术创意重新诠释长沙窑陶瓷烧制技艺及传统工艺美学，其器型采用长沙窑经典元素，装饰技法游刃于古韵与新意之间，将"府窑"打造为新长沙窑的第一品牌。

湖南传统手工制造业在文化创意的注入下获得了新生，其他现代制造业也不甘落后，在实现文化与产品的融合方面亦孜孜不倦。文化创意产业在拓展市场，提升表现力、传播力与市场竞争力的过程中，对半导体产业特别是半导体照明和显示技术及服务为代表的光电产业提供了重要的科技支撑和技术平台，为文化内容和形式增加了新的表现手法和传播技巧，提供了新的创意平台和展示载体，成为助推文化产业提升影响力和辐射力的重要引擎。湖南新亚胜科技发展有限公司是一家是光电行业LED（发光二极管）显示解决方案服务商，主营LED全彩显示屏，销售网络覆盖全球80多个国家和地区，该公司敏锐地抓住了这一需求,加强核心技术研发,促进产品标准制定和价值提升,改造提质传统文化产业。2013年,该公司实现销售收入1.2亿元,巩固了中部地区LED行业的龙头企业地位。在公司LED显示屏和LED灯具产品中,"魔幻舞台"系列LED显示屏产品占全年销售收入的49.8%,占显示屏销售收入的64.39%,成为公司的核心拳头产品。该产品正是针对文化演艺租赁市场和演艺舞台装备等文化基础设施的需求设计的。正是这一自主研发的拳头核心产品的推出和升级,使得新亚胜在同行中占据了技术和产品优势,开辟了LED应用市场的蓝海[①]。新亚胜凭借着创新的产品、过硬的品质及先进的管理模式,在伦敦奥运会、索契冬奥会、巴西世界杯、意大利米兰世博会等国际盛会上带来了炫目的东方光彩。

## (二)"智力"实质化加快,新兴业态不断涌现

随着国际分工协作的进一步深化,产品价值链不断延伸,促使产业升级有了新的实现途径和内涵。文化和制造产业的融合改变了原有产业结构,形成了与原有业态完全不同的交叉制造业态,这种融合方式会推动技术密集型制造业全面升级。如以文化创意产业内容为驱动,以数字技术和信息技术为支撑的新媒介——4G手机,它不仅满足消费者用手机就可以满足电影、广播、新闻、音乐、小说等传统文化内容的需要,而且可以拓展新的服务和新的产品,广泛应用于智能家居、车载应用、医疗应用、智能交通等诸多领域,这又为新兴制造业的出现提供了契机。

近几年,湖南积极应对复杂多变的国内、国际环境,主动选择了转型升级、提质增效的经济结构调整之路,把大力培育新兴产业、发展生产性服务业上升为重要战略。2014年1月,长沙市明确提出将"创意设计业"作为重点产业的发展目标,计划引进和培育一批知名设计大师,形成力量雄厚的创

---

① 湖南新亚胜科技发展有限公司:《做"中国智造"的文化产业探索者》,转引自《长沙文化发展报告蓝皮书(2014)》,湖南人民出版社12月版,第468~480页。

意设计人才队伍；到 2017 年，将长沙打造成为继环渤海湾文化创意产业圈、"长三角"文化创意产业圈、"珠三角"文化创意产业圈之后的又一文化创意产业增长极，建成具有重要国际影响的"创意中心"。

在这一战略的引领下，长沙注重以创新为核心，以高科技手段为支撑，实施品牌产品、品牌企业和品牌服务创建工程，开发具有国际国内影响力的文化创意品牌并形成品牌链，以"湖南腔调"唱响文化和制造业融合的时代强音。

### 1. 数字出版产业

近年来，湖南大力发展数字出版产业，推进科技信息与出版业的融合，积极发展数字图书、报刊、音乐、教育、印刷和互联网、手机、数据库、跨媒体复合出版等以数字化内容、数字化生产和数字化传输为主要特征的新兴业态。以中南传媒、天舟文化、青苹果数据等为代表的数字出版企业蓬勃兴起与发展。

### 2. 工业设计产业

创意设计是综合运用科技成果和工学、美学、心理学、经济学等知识，对产品的内容、功能、结构、形态及包装等进行整合优化的创新活动。创意设计业包括工业设计、软件设计、建筑与规划设计、工艺美术产品设计等，是一个以创意为核心的文化创意产业类别。湖南先后出台了《湖南省文化强省战略实施纲要》和《湖南省战略性新兴产业文化创意产业发展专项规划》及相关扶持政策。2012 年 1 月，长沙通过实施了《湖南省战略性新兴产业文化创意产业发展专项规划》及相关扶持政策，意在提高文化创意与科技融合，延伸文化创意产业链，拓展产业增量。当前，创意设计业每年以超过 10% 的增速在快速发展。

当前中意设计创新中心（湖南中心）等国际化现代工业设计平台，整合了湖南大学等高校科研机构及各类设计院所资源，在先进装备制造业等工业设计方面着力颇多，意在通过提升创新设计对湖南第二、第三产业的渗透度和融合度，推动制造业向高端化、数字化发展，进而全面提升湖南制造的市场竞争力。目前，由国际工业设计协会认证的全球三大顶级工业设计创新大赛之一的"芙蓉杯"国际工业设计创新大赛等创意设计大赛落户长沙，为"湖南智造"营造了良好的氛围。

## （三）产业链不断延伸，产业融合集群化态势明显

近年来，湖南积极推进文化产业平台建设，长沙天心文化产业园等园区基地建设进展顺利，截至2015年，共有11家文化企业获得"国家文化产业示范基地"称号。作为文化产业集中地的省会长沙，近年来重点支持发展大产业，着力打造国家级文化创意产业园区与"旗舰式"文化创意企业，构建若干国内一流、国际知名的文化创意产业园，培育龙头企业，构建产业创新链，推进特色集群发展。2012年，长沙市委、市政府制定了《长沙市文化创意产业发展规划（2012—2015年）》（以下简称《规划》），《规划》明确了文化创意产业的发展思路："强化产业整合，实现集群发展。引进战略投资者，培育龙头企业，强化园区建设，推进集群发展，促进产业整合，着力打造三个以上国家级文化创意产业园区与'旗舰式'文化创意企业，强化文化创意产业的集聚效应。""推动龙头企业通过从创意、创作与创造、产业化研发到市场化拓展的价值链重构，扩展产业链条，发展衍生产品，创新产业业态，实现多产业融合，建立起有效的盈利模式，培育新的增长点。既立足于以文化创意打造完整的文化创意产业链，又着眼于以文化创意提升传统产业，实现从卖产品到卖文化、卖创意、卖设计的转变。"

产业集群发展成效初现。以政策为导向，推动资源向基地集聚，产业向园区集中，形成具有集聚效应的五大产业园区，培育现代文化市场。麓谷动漫游戏产业园已建成全国动漫游戏产业示范基地；金鹰影视文化城已打造成中国广播影视产业的创意高地；中南国家数字出版基地已成为国内领先的华文全媒介内容运营商和现代综合传播平台；岳麓山文化创意产业圈已形成文化创意设计人才集聚洼地与培训基地；天心国家文化创意产业园已逐步形成

现代金融中心、信息服务基地、休闲宜居城区等相融合、产城一体化发展的新格局。同时，其他文化产业园也正蓬勃兴起，如长沙创新设计产业园，重点围绕工业设计、智能设计、服务设计、包装及平面设计等现代设计产业，整合国内、国际设计资源，打造产业发展集聚区，将培育长沙本土设计产业为基础，促进长沙高端综合设计服务发展，并推动设计服务领域延伸和服务模式升级。

### 1. 麓谷动漫产业园：打造原创动漫之都

2006年12月22日，湖南国家动漫游戏产业振兴基地在长沙高新技术产业开发区举行授牌暨基地奠基仪式，成为继上海、四川、大连后的第四个"国家动漫游戏产业振兴基地"。

湖南国家动漫游戏产业振兴基地位于长沙高新区麓谷园区中心区域，核心区面积约1.5平方千米，辐射麓谷园区及省会长沙。由动漫游戏产业园、衍生产品产业园和辐射区（含湖南省范围内的动漫游戏教育研究培训机构、金鹰卡通频道、出版物交易中心等）组成。麓谷动漫游戏产业园包括动漫游戏生产制作区、孵化区、公共服务区、综合商务区等6个区，公共技术支持中心、动漫游戏产品交易中心、科普展览中心等3个中心，动漫游戏艺术创作设计研究院、动画职业学院等2个学院，公共技术平台与艺术平台2个平台，动漫游戏产业一条街和一个主题公园，产业类型覆盖了动漫卡通形象、影视节目、电子读物，衍生产品的设计、制作、策划、出版、发行、销售、咨询，动漫软件、手机动漫、电信流媒体增值运营业务、网络游戏软件、教学软件等领域。麓谷已形成较完整的动漫产业体系和产业链，并向着集约化、规模化、现代化、国际化的模式发展。麓谷动漫游戏产业园培育了金鹰卡通集团、盈博科技公司、三辰集团、山猫公司、宏梦公司、哆咪七彩公司、南方卡通公司等一批实力雄厚的原创动漫龙头企业和骨干企业，园区30万平方米的原创工作室及加工制作区，为区内原创和引进的动漫游戏企业提供原创生产和衍生品制作空间；近10万平方米孵化区，为初创期的动漫游戏企业免费提供场所。

麓谷动漫游戏产业园区毗邻湖南大学、中南大学、国防科大,通过建立企业与高校、研究机构,国内与国外的产学研协同创新,研发新技术,开发新产品,形成了以长沙软件园数字媒体技术应用实验室、三辰动画工程技术研究中心、Intel（英特尔）电脑动画技术发展中心、创智微软技术支持中心为代表的四大核心数字媒体和动画游戏技术研发和应用机构,研发了动漫游戏制作软件系统、数据库系统和制作流程的自动化管理系统等,为提升基地动漫产品的科技含量提供了保障。根据规划,麓谷园区将以"湖南国家动漫游戏产业振兴基地""国家数字媒体技术产业化基地"两大平台为依托,进一步打造三个公共技术服务平台——湖南省数字卡通动画公共技术服务平台、国家（湖南）电视动画动漫公共技术服务平台和国家（湖南）手机动漫公共技术服务平台,目标是把长沙建设成世界一流的卡通动画节目制作、传播中心,数字媒体技术研发中心,国内外数字动漫成果转化中心,国家动漫游戏成果转化中心和动漫游戏人才集聚培养中心及衍生产品制造中心,确保长沙和湖南动漫原创产业在全国的领先优势。

麓谷动漫产业园以我国第一家开通的动画专业卫星频道——金鹰卡通频道为主阵地,以长沙地区现有的10多个专业综合频道为辅助,编织一张广覆盖、多时段的动漫播出网,使之成为长沙原创动漫游戏打造品牌形象的主渠道,国内外动漫游戏抢滩播出的制高点。金鹰卡通卫视在节目播出安排上向本土原创动漫倾斜,湖南本土动漫节目如《蓝猫太空历险记》《虹猫蓝兔七侠传》《天降小子》等的播出往往放在黄金时间段,金鹰卡通卫视为长沙动漫品牌的推荐与宣传发挥了积极作用。

虽然自2009年起,在全国动漫行业整体滑坡的背景下,湖南动漫年产量从全国第一名跌至十名之外,动漫湘军一度陷入低谷。随后,《湖南省人民政府关于鼓励移动互联网产业发展的意见》和《湖南省人民政府关于加快文化创意产业发展的意见》出台后,利好政策逐渐让更多的动漫企业入驻湖南。2016年上半年,全省新增动漫企业12家,新增游戏企业15家,其中一度被收购出走湖南的《虹猫蓝兔》品牌,又重新回到湖南并在长沙麓谷注册成立湖南漫联卡通有限公司;广州渲一科技有限公司已将公司总部搬迁至长沙;

上海漫唐堂、广州通赢等企业相继在长沙成立分公司或子公司。蓝猫动漫与上海美术电影制片厂、深圳宝安区签约合作，拟在动漫电影生产、动漫科技园建设领域发力；银河动漫全力打造玉麒麟IP产业链，覆盖艺术素质教育培训连锁、主题公园、玉麒麟品牌游戏、综艺节目、舞台剧、主题餐厅等；渲一科技填补了湖南省动漫影视制作产业链中云端极速渲染服务的空白；华凯创意、善禧文化、华视坐标、欣之凯等代表企业跳出传统动漫生产模式，主攻品牌运营；同禾科技（原启能文化）与金鹰卡通合作，将麦咭品牌与旅游、体验相结合，打造的浔龙河艺术小镇正成为湖南新的主题乐园。除此以外，动漫原创、服务外包、衍生品的开发、漫画出版等方面都有了大幅增长。另外，全省自主研发的手机游戏已经有18款以上上市发行，页游及手游的发行收入总额也整体提升了。

## 2. 金鹰文化区：构筑影视创意文化领军高地

湖南长沙金鹰文化区位于长沙市开福区，坐落于长沙市浏阳河大桥东头，是首届"长沙十大城市名片"之一。《开福区国民经济和社会发展第十二个五年规划纲要》指出，金鹰文化城文化创意产业组团的功能定位是以金鹰文化城为核心，重点发展文化创意、影视传媒、商务会展等文化创意产业。2016年年初，开福区委、区政府做出战略部署：把金鹰文化区作为"金名片"产业项目进行重点项目建设，将该区打造成区域经济增长引擎，实现文化创意产业的壮大升级。

根据规划，金鹰文化区建设将"以湖南广电为核心，以朝正垸（金鹰湾）、山鹰潭等片区为重点，以长沙学院、国防科技大学等为科技支撑，充分挖掘湖南广电、长沙海底世界、长沙世界之窗等优质文化资源和浏阳河、捞刀河、山鹰潭等宝贵的生态资源，集中发展影视传媒、文化创意、休闲旅游等文化产业，打造长沙文化名片、湖南文化标杆、世界文化名地"。在已敲定的总体规划中，金鹰文化区将形成"三核、两带、五组团"的布局体系。其中"三核"即文化产业核、文化旅游核和"云谷"科技核；"两带"即亲水文化配套带和浏阳河水岸风情商业带；"五组团"即健康养生组团、文化教育组团、文化居住组团、政务商业组团和都市居住组团。值得一提的是，湖南广电已提出打造"中国云谷"，以"云"为平台，处理大数据为服务，实现湖南数据处理集中化、互联化、共享化、安全化，实现产业转型升级，优化产业结构。"云谷"科技将依托湖南广电传媒产业优势及其片区打造"中国云谷"的定位，大力发展以云端影视传媒为经，以科技、传媒、移动社交业态为脉的云端智慧聚集区，形成国际商务花园、文创主题 MALL 影视传媒制作及智慧云社区等。

### 3. 中南国家数字出版基地：构建数字出版国际交易平台

2010年7月，国家新闻出版总署（现为国家新闻出版广播电影电视总局）复函湖南省政府，同意建立中南国家数字出版基地。2011年5月，中南国家级数字出版基地新闻发布会暨项目签约仪式举行，签订了8个重大文化项目，总投资23.7亿元，合同金额22.18亿元。2011年11月15日，中南国家数字出版基地揭牌仪式在长沙举行，中南国家数字出版基地正式落户长沙，使长沙成为继上海、重庆和浙江之后的第四个获批国家数字出版基地的城市。

中南国家数字出版基地是新闻出版总署改革发展项目库重大项目、湖南省"十二五"规划重大项目，涵盖了数字产品创意、制作、出版及销售、数字平台运营、技术开发和海量数字信息处理等产业，着力构建湖南数字出版完整产业链。根据规划，中南国家数字出版基地将重点建设数字出版产业发展、运营技术、内容营销和公共服务四大平台，并明确了基地发展的阶段任务。第一阶段（2011—2012年），编制基地发展规划，出台促进数字出版产业发展政策，选址并组织基础设施建设。实现数字出版产业年产值增速不低于20%，力争入驻企业不少于50家，年销售收入不少于50亿元。第二阶段（2013—2015年），构建完整数字出版产业链，培育一批在国内外有重大影响的大型数字出版企业，实现数字出版产业年产值增速不低于35%，力争入驻企业不少于150家，年销售收入不少于250亿元。第三阶段（2016—2020年），实现移动阅读内容资源和数字出版企业的深度集聚，建设成熟的国内外优秀数字内容资源的交易模式和交易平台，建设若干在国内外有重大影响的数字出版集团,实现数字出版产业年产值增速不低于40%,力争入驻企业不少于500家,年销售收入不少于500亿元。

### 4. 岳麓山文化创意产业园区:文化旅游与创意设计比翼齐飞

岳麓区是湖南人文荟萃的中心,长沙千年文脉之所在。以岳麓山为中心的生态旅游资源、高校科研机构和历史文化资源为岳麓区发展文化创意产业提供了得天独厚的条件。

根据规划,岳麓山文化创意产业园区将以旅游文化资源为依托,通过与中南大学、湖南大学、湖南师范大学等高校进行合作,形成以先进制造、检验检测、工业设计、金融服务、商务会展、教育培训、生态旅游、文化创意等为重点的现代服务业体系,打造文化创意和金融服务产业链。建设形成"一圈、两带、五个特色街区"的发展格局。"一圈"即以岳麓山、橘子洲两大风景名胜区为核心,包括五个文化创意产业园的环岳麓山文化创意产业圈;"两带"即莲花—雨敝坪生态旅游带和湘江西岸历史文化旅游带;"五个特色街区"即麓山南路文化创意街、阜埠河路时尚创意街、金星中路国际街区、溁湾镇商业文化街区、咸嘉湖路休闲娱乐街。

### 5. 天心国家文化创意产业园:描绘融城文化创意产业蓝图

2012年9月,长沙天心文化创意产业园区升级为"国家级文化创意产业示范园区",这是中部省份首个国家级文化创意产业示范园区。

天心区最大的资源是文化资源,天心区是"老长沙"最具代表性的"文化名片",有名的"湖南书画之乡",具有浓厚的文化艺术氛围,成功培育了"好戏天天演、欢乐满星城"、高校艺术节、酒吧文化节等一批文化节庆品牌,形成了以"歌厅文化""酒吧文化""影视娱乐文化"为代表、本土特色非常鲜明的"快乐文化"品牌。

2012年3月以来,天心区研究制定实施《长株潭中央商务休闲区规划建设方案》,以宜居、宜业、宜游为目标,按照集约、智能、绿色、低碳的生态文明理念,把天心区整体作为一个大景区进行全域统筹规划布局,以文化做内容，以旅游做市场，以生态、休闲做环境，实施全域旅游、全域休闲。突出抓好文化与旅游、文化与科技、文化与金融的"三个融合"，引导产业要素向产业园区和城市综合体集聚，着力打造长株潭地区的现代金融、创意设计、信息服务和旅游休闲等"四个中心"，逐步形成现代金融中心、长沙设计之都、信息服务基地与休闲宜居城区相融合、产城一体化发展的新格局，把天心区建设成为长株潭中央商务休闲区。

## 第二节 双向融合路径选择举步维艰

近年来，湖南文化创意产业介入制造业全过程步伐不断加快，文化创意元素给中联重科、山河智能、蓝思科技等企业注入越来越多的活力。但与国内先进省市相比，湖南文化创意产业与制造业融合发展的广度不足、深度不够。

### （一）思维认识角度不清，融合发展缺乏引力

目前，湖南大多数制造型企业对文化创意产业认识不足，将主要精力放在生产和营销上，缺乏将文化创意引入，并形成新产品，实现更高附加值的意识。不少中小型企业对文化创意的认识依然停留在产品的包装方面，没有意识到产业融合的高附加值。

湖南文化创意产业发展过程中，也存在文化制造业的比重偏高、创意服务业的比重偏低的情况。2014年湖南文化制造业、批发零售业和服务业增加值占全部文化产业增加值的比重分别为68.3%、6.1%和25.6%；全国比重分别为41.4%、10%和48.6%。湖南文化制造业增加值的比重比全国水平高出26.9%，而文化服务业的比重低了23%。从内部结构看，文化制造业内部产业结构较为单一，作为湖南特色产业的焰火、鞭炮产品制造占全部文化制造业的比重超过四成，达到42.4%；服务业行业中，网吧活动的占比超过一成，

达到10.8%；而作为引领文化产业发展方式的文化创意和设计服务业的占比为21.4%，与全国35.3%的平均水平相比，差距较大。2014年，新闻出版发行服务、广播电视电影服务、文化艺术服务、文化信息传输服务、文化创意和设计服务、文化休闲娱乐服务、工艺美术品的生产等构成文化产业主体的文化产品生产活动创造的增加值占全部文化产业增加值的比重为33.4%，比全国61.3%的平均比重低27.9%[①]。

## （二）创新能力不足，融合发展缺乏动力

首先是文化产业创新能力弱。湖南文化创意企业多为中小型企业，研发投入少，企业自主创新能力不足，缺少核心技术，没有形成自身品牌。其次是产品创意元素匮乏。湖南文化创意企业限于资金、技术等要素，对产品的工艺、材料、功能、内涵的研发滞后，缺乏对优秀历史、文化资源的挖掘、开发和创新，简单地复制与模仿，难以形成竞争力。

## （三）聚集程度不高，融合发展缺乏拉力

长期以来，湖南省制造企业生产经营主要是通过引进并改进技术，通过低成本优势和价格优势参与市场竞争，而一些大型企业则通过对产品设计和品牌营销等环节的垄断，给本土文化创意企业的利润空间造成了相当大的压力。作为制造业与文化创意产业集聚地区，省会长沙文化创意企业以小微企业为主，存在"小、弱、散"的特点，数据显示，截至2014年年底，长沙市文化创意和设计服务业务收入过亿元的企业仅有17家，占全部企业数的13.3%。从产业链融合的角度看，大多数文化创意和设计服务企业缺乏对产品性能、结构的设计创新能力，产品低端化，导致产业链融合受阻，企业尚

---

① 蔡冬娥、肖首雄：《湖南"十二五"文化和创意产业发展情况分析》，《决策咨询》第47期，湖南统计信息网，http://www.hntj.gov.cn/tjfx/jczx_3462/2016jczx/201607/t20160727_615302.html。

未形成聚集效应。

## （四）政策支持不够，融合发展缺乏推力

尽管湖南已经出台了推进产业发展的相关文件和政策，但这些政策较为分散，缺乏系统性。文化经营企业在申报相关项目时，手续烦琐，流程较长，造成企业生产成本高，不利于文化创意企业与制造业的融合发展。税收优惠方面，制造企业购买文化创意的产品所发生的费用不能做进项税额抵扣增值税，影响了制造业企业设计外包的积极性。

## （五）人才支撑不足，融合发展缺乏活力

湖南文化创意人才紧缺，尤其是高层次和复合型专业人才匮乏，严重制约了湖南文化创意产业的发展。以长沙为例，目前长沙文化创意企业的产品研发主要集中在动漫、计算机信息管理、艺术设计等领域，与制造业需求的契合度不高。与此同时，针对文化创意人才的专业培训机构少，且培训内容与市场需求脱节，无法满足企业的需求。

## （六）体制机制不畅，融合发展缺乏合力

当前，创意设计和制造业分属于不同部门管理，块状管理体制使得产业发展信息不畅，资源难以整合，市场与行政割裂明显，产业之间难以形成有效的协调与融合，创意产业与制造业融合发展的"最后一公里"难以打通，无法形成合力。

## 第三节　宏观引导，大力促进"融点"创新

### （一）以文化创意促进制造业的整体改善和产业结构的重塑

推进文化创意产业与制造业融合发展，必须解放思想，更新观念，冲破一切阻碍融合发展的思维惯性和路径依赖，汇集起融合发展的强大力量。

一是要树立融合发展理念。要充分认识到文化创意产业与制造业融合发展在推动两个产业转型升级、提质增效方面的重要作用，以文化创意产业发展为引领，制定相应的引导政策，并通过建立公共平台或交易市场，推动文化创意资源进入并深度改造制造业，为制造业结构调整提供新动能。对于制造业企业来说，要重视文化创意的动力，积极发挥文化创意的杠杆作用，通过文化创意因素对企业经营全过程提质增效，全面提升企业生产效率，进而实现产业结构优化。在全面梳理湖南全省的文化创意资源的基础上，强化顶层设计，根据湖南实际，制定《湖南省文化创意产业与制造业融合发展规划》，指导全省文化创意产业与制造业融合发展。

二是树立集成发展理念。制造业有其自身发展周期，针对不同发展周期的制造业，文化创意产业可以以不同形式介入制造业发展。对于成长期的制造业，文化创意产业应通过发挥其对制造业"增长点"的作用，促使企业快速成长，形成相应规模。对于成熟期的制造业，文化创意产业更多的是发挥其对制造业"控成本"的作用，促使企业通过创新产品，降低生产成本，调整企业生产结构，确保企业利润的再增长。对于衰退期的制造业，文化创意产业要发挥其"再生长"的作用，通过科技创新，使产品重新焕发生机，赢得市场的认可，最终走出困境，实现新的成长。

三是树立创新意识。根据不同类型的制造业，实施不同的创新改造。如

对一些历史悠久的诸如服装、五金等传统制造业产业，可以在继承和发扬原有工艺的基础上，引入一些现代文化创意元素，通过技术改造和内涵提炼，提高产品的附加值，打造具有高品位、高利润的创意轻奢产品；对于一些生产传统手工艺产品的企业，可以在做好保护的基础上，引入市场因素，鼓励这些企业通过科学创新改进传统工艺和技术，打造高端品牌，形成较强的市场竞争力。

## （二）以聚集发展支撑文化创意产业与制造业融合

要发挥三一重工、中联重科、山河智能、博世汽车、蓝思科技等制造业龙头企业的示范带动作用，通过引入不同文化创意企业，围绕龙头制造企业，积极打造集"策划、设计、生产、展示、销售"于一体的集约化、规模化、品牌化的产业发展集群，通过共享文化创意资源，促进制造业内部交流与协作，从而降低制造业的生产成本和经营风险，提升制造业整体经济效益，获得更强的市场竞争优势。同时，建立产学研产业载体，充分挖掘湖湘特色文化资源，以新技术、新工艺对制造业进行全面改造，融入现代市场经济，实现文化产业链的延伸和服务模式升级，进而形成文化创意产业集群。

## （三）以平台载体促进文化创意产业与制造业融合

创新成果的转化从一定程度上决定了文化产业与制造业融合的质量与发展潜力，目前湖南文化创意产业与制造业融合一个关键性问题是：制造业有增加创意设计的需求，创意设计企业有好的构想，但二者没有平台来知晓双方需求，因此需要建立平台，使创意成果有效地与制造业市场需求对接，促进创意成果产业化。政府、企业应高度重视对创意成果转化平台的搭建，使文化产业与制造业形成有效对接。

文化创意产业信息共享平台可采取政府主导、市场化运作、协同开发、开放服务等方式共建，创意设计企业与制造企业共享信息发布、知识产权保护、市场秩序规范、企业创新支撑等信息。通过举办创意设计博览会和相关赛事，激发企业和个人设计创新和产业联动的热情。打造集产业技术研发、创新要素交易、创新成果转化、创新中介服务、创新资源共享五大功能于一体的科技创新创业公共服务平台，使其成为全市乃至全省企业技术需求信息和创新成果发布的"总枢纽"创意信息资源的"总后台"，科技中介服务团队的"集聚地"，打通需求—技术创新—产业发展的通道，缩短需求传导链条。

# 第六章　生态嵌入：湖南文化产业与农业融合发展之计

农业是国家战略产业和基础产业，文化产业是国民经济的战略性支柱产业。随着城镇化的快速推进，人们对健康休闲消费的需求不断增长，这就为农业与文化产业融合发展带来了前所未有的机遇。

文化产业与农业的融合，是指在特色农产品生产、加工与营销过程中融入文化创意元素，创造独特的现代农业经营模式，将农业的产前、产中和产后诸环节联结为完整的产业链条，将农产品与农村文化、艺术创意结合，以实现资源优化配置，从而产生更高的附加值[①]。

休闲农业作为农业与文化产业融合的初始雏形，在湖南经过二十多年的快速发展，现已初具规模，发展的总体水平位居全国前列，曾有"休闲农业起源于四川，发展在湖南"的评价。全国首次休闲农业座谈会于2009年在湖南召开，并于2011年在全国经验交流会上介绍经验。截至2016年，全省休闲农业各类经营主体达16300个，规模农庄达4300家，从业人员近75万人，年接待游客1.56亿人次，实现年营业收入超过320亿元。

---

① 王春林：《广西特色农业与农村文化产业融合发展的优势与策略》，《创新》2013年第3期。

## 第一节　文化产业绿色化渐成燎原之势

### （一）以机制构建支撑体系，融合发展环境趋优

湖南着力完善顶层设计，以机制促进农业与文化产业的融合发展，形成良好的发展环境，不断完善多方参与、互惠共赢为基础的农业与文化产业合作机制。

第一，政府引导，转变职能。2006 年，湖南省人民政府办公厅出台了《关于加快发展休闲农业的通知》（湘政办发〔2006〕57 号）（以下简称《通知》），明确要将休闲农业企业纳入新农村建设的统一规划，并将其纳入政策支持范围，在国内属较早推出引导休闲农业发展的省份。《通知》虽未明确提出促进农业与文化产业的融合发展，但文件中亦提出鼓励旅游公司、教育科研单位等与农业企业开展品牌经营与合作经营、示范基地。2010 年，中共湖南省委、湖南省人民政府出了了《关于加大统筹城乡发展力度　加快现代农业建设步伐的意见》（湘发〔2010〕1 号），该意见提出要推进连片整合，制定休闲农业企业的基础配套、贷款贴息、税费优惠等扶持政策，打造一批高标准休闲农业示范带。2012 年，湖南省人民政府办公厅出台了《关于加快休闲农业发展的意见》（以下简称《意见》），把加快推进湖南全省休闲农业发展提到了较高位置，该意见明确坚持以农为本，以农业为基础，农民为主体，农村为单元，围绕农业生产、农民生活和农村风貌进行开发建设，使休闲产业成为具有浓郁乡土气息和民俗风情的特色新型产业。同时，坚持突出"两型"，突出乡村生态、乡村文化和乡村文化遗产保护。值得注意的是，该《意见》首次提出促进产业融合，打造特色休闲农业产品，协调农村一、二、三产业融合发展。《意见》对全省休闲农业发展目标提出了具体要求：到 2020 年，全省休闲农业年接待客人超过 1 亿人次，年均新增直接就业 5 万人、间

接就业 10 万人，从业农民年均收入增长 10% 以上，全省休闲农业及相关产业年产值过 1000 亿元，形成现代农业新型产业。

第二，规划先行，创新路径。2013 年，由湖南省乡镇企业局编制了省内第一部休闲产业发展专项规划——《湖南省休闲农业发展规划（2011—2020）》（以下简称《规划》），《规划》明确了休闲农业在实现"大农业"与"大旅游"有机结合，加快城乡经济文化融合和一、二、三产业联动发展、缩小城乡差别，加快城乡一体化进程方面的重要作用。《规划》提出，在全省开展示范创建行动，培育生态环境优、产业优势强、发展势头好、管理规范、示范带动能力强、农民广泛参与的休闲农业示范县 20 个、示范乡 200 个、示范村 2000 个、示范户 20000 个，发展农业产业化、经营特色化、管理规范化、产品品牌化、服务标准化星级示范休闲农庄 1000 个。2016 年 8 月，由湖南省农业委员会印发的《湖南省"十三五"农业现代化发展规划》中，将休闲农业与乡村旅游列为重要产业布局，指出要依托农业特色资源，培育优势产业，挖掘农业的生态观光、旅游休闲、农事体验等多重功能，推动农业资源与旅游元素良性互动，打造一批知名的休闲农庄、村、镇和精品线路。以长株潭为中心，以京广、沪昆高铁为主轴，其他重要交通干线为骨架，打造长株潭都市休闲农业片区、环洞庭湖农业生态旅游圈和湘西、湘南民俗文化休闲旅游带。2016 年 11 月，由湖南省发展和改革委员会印发的《湖南省"十三五"时期文化改革发展规划纲要》明确提出，"要引导文化产业与农业融合发展。推动形成以长株潭城市群为依托的假日休闲体验、生态观光等为主的多功能休闲农业区，建设一批农业特色鲜明、生态环境良好的城乡互动体验示范基地。加快建设以湘中南山水文化为依托，休闲健身、农耕文化为主题的山水体验休闲农业区，大力发展现代农业观光游、四季农园体验游、特色产地采摘游等农业旅游新种类。着力打造以大湘西地区民族文化和奇异地貌为依托，原生态、民俗风情、山林景观为主题的生态休闲农业区，大力发展本土农家品味游、农业节庆休闲游等农业旅游新形态。"

第三，健全组织，确立规范。为促进和规范湖南省创意休闲农业发展，湖南于 2006 年成立了"湖南省休闲农业协会"，长沙市开福区、岳阳市君山区、邵阳市、衡阳市等地相继成立了休闲农业协会。2009年12月，湖南省政府专门成立了以副省长为组长、省直机关各厅局领导为成员的全省休闲农业工作领导小组，办公室设在省乡镇企业局，并召开了由领导小组牵头，各市州分管农业的市领导参加的全省休闲农业工作大会，各市州政府也相继成立了市级休闲农业工作领导小组，全省推动休闲农业发展取得了前所未有的共识。2008年10月，省人大农业与农村委员会召开了全省人大农业委以及省直部门主要领导的联席会议，就休闲农业发展有关问题进行了专题研究。2011年12月，在省质量技术监督局的支持下，制定并出台了《湖南省休闲农庄建设规范》和《湖南省休闲农庄星级评定准则》两个地方标准。

第四，专业跟进，创新服务。为提升湖南休闲农业经营水平，湖南定期开展相关培训，如针对休闲农业星级创建单位负责人开设的培训班等。2015年11月，湖南省组织了休闲农业培训班，此次培训内容为休闲农业的转型升级与提质增效、创意休闲农业、"互联网+休闲农业"、休闲农业融资方式与途径、休闲农业发展对策，还特意邀请了股权交易所的专业人员讲授休闲农业如何融资。2016年9月，湖南举办农产品加工与休闲农业价值成长培训班，培训主要内容为"农产品加工形势、政策和对策""互联网思维现代企业管理""第三板和四板挂牌最新动态"和"中小企业价值成长的要素和路径"等。与此同时，湖南加快建立和培育社会化中介服务体系，走专业化服务之路，提供优质的市场服务。短短几年，湖南省休闲农业中介服务组织从无到有，培育出了产业规划、人员培训、物流配送、产品创意等中介服务机构近10家，已成为休闲农业产业链中的重要一环。比如现代休闲农业研究院、金一企业咨询管理有限公司等都已享有一定的声誉度，为休闲农业企业编制发展规划、策划特色项目、创新营销方式、物流配送等提供服务，在推进休闲农业上档次、上水平方面起到了不可或缺的重要作用。目前，全省中介服务机构已经初步具备了行业的"服务员"、政府的"参谋员"、产业的"信息员"、政策的"宣传员"等服务功能。

## (二) 文化浸入性增强，推进融合纵深发展

### 1. 传承与挖掘农耕文化，为现代高效生态农业发展注入新活力

湖南是中华民族农耕文化的重要发源地，经过数千年的发展，积累了包括自然景观和民俗传统在内的丰富的农耕文化资源。这些农耕文化不仅是湖湘文化的积淀，更是湖南省农业持续发展的基础。截至目前，湖南省新化紫鹊界梯田和新晃侗藏红米种植系统两项农业文化遗产已入选中国重要农业文化遗产。

新化紫鹊界梯田，是国家农产品地理标志紫鹊界贡米的核心原产地，享有梯田王国之美誉，被批准为国家级风景名胜区、国家自然与文化双遗产、国家水利景区和国家4A级旅游景区。作为南方稻作文化与苗瑶山地渔猎文化交融糅合的历史遗存，紫鹊界梯田构成了堪称人类水利工程史上奇迹的纯天然自流灌溉工程[1]。当地政府高度重视紫鹊界农业文化与景观的挖掘和保护，先后投入逾2亿元对紫鹊界梯田遗产进行保护性开发，提出以产业带动为主，以紫鹊界梯田等景区为重点，通过整体宣传营销，不断扩大影响。近年来，紫鹊界文化旅游市场向好，数据显示，从2006年到2013年，其年接待游客人数由13.86万人次增加到65.5万人次，年旅游收入由近亿元增加到4.41亿元[2]。同时，当地引入隆平高科等高新技术产业，通过品牌塑造，建设国家级种植基地，积极推动有机农业的产业化。

新晃侗藏红米种植系统基于当地独特的自然、人文地理和栽培习俗，经过数千年发展，形成独特的农耕文化。自侗藏红米被农业农村部（原农业部）列入中国重要农业文化遗产以来，当地政府高度重视，已制定新晃县侗藏红

---

[1] 孙志国等：《武陵山片区重要农业文化遗产保护状况的思考》，《浙江农业科学》2014年第11期。

[2] 田亚平：《南方稻作梯田区农业文化与景观保护的关键问题与途径——以紫鹊界梯田为例》，《衡阳师范学院学报》2015年第6期。

米的发展总体规划，将其打造成一座集种植、生产、加工、销售和旅游观光、休闲体验、教育展示于一体的现代化新晃侗藏红米产业园。现新晃侗藏红米远销上海、北京等全国各大城市，供不应求。为了打造袁隆平赞誉的"中国吉祥红米"，新晃在红米水稻种植上与养鱼养鸭相结合，建立一整套良性循环的农业生态体系①。

2. 突出"两型"理念，推动农村生态文明建设

近年来，湖南立足实际，着眼长远，把大力发展休闲农业作为"两型"产业来扎实推进，"两型"理念日益深入人心，"两型"效益不断显现，走出了一条休闲农业与"两型社会"建设相适应的新途径，使休闲农业的生态效益、经济效益和社会效益有机统一起来②。

一是坚持生态为主线，走生态文明之路。一直以来，湖南积极引导各休闲农业经营主体牢固树立良好的生态环境就是效益的理念，大力推动休闲农业向"两型"产业发展。在新建农庄的选址上，严格按照《湖南省休闲农庄建设规范》的要求，不改变土地使用性质，与农民建立良好的协作关系，不破坏原有生态环境；在农庄产业建设上，指导农庄实行清洁生产，节能减排，强化环境保护；在项目运作上，引入现代管理制度和现代科学技术，以严格的标准约束生产过程。

二是坚持农业为基础，走以农为本之路。充分考虑农民的利益，以农业产业为基础，把"有农无农"作为休闲农业强弱兴衰的一个重要因素来推动，积极发展低碳、高效农业，而不是单纯在农村办一个乡村酒店、饭店。湖南通过各种方式推进休闲产业与农业产业相结合，促进农民就地就近转移就业，解决农村农业劳动力匮乏、农田抛荒严重等社会问题。据统计，2010年全省休闲农业直接吸纳农民就业23万人，人均工资1.3万元，间接带动农民就业

---

① 申乐、季荒：《湖南新晃：地标品牌壮产业 精准发力拔穷根》，《中国质量报》2017年6月6日。
② 陈明：《发展休闲农业，促进"两型社会"建设的湖南实践与探索》，《中国乡镇企业》2014年第2期。

90余万人，人均纯收入达7000元，分别比全省农民人均纯收入高出7500元和1500元[①]。

三是因地制宜求发展，走资源节约之路。因地制宜，大力发展节水、节地、节劳、节能和低耗的循环农业，促进传统农业向生态农业转变，着力打造有特色的休闲农业产业。如邵阳市石头寨生态农庄，其建在一个荒芜的小石头山上，本来自然条件很差，但这个农庄经营者在规划设计上别具匠心，把农庄建成一个像古代的山寨，同时后面建立了绿色蔬菜基地和藏酒窖，不仅使农庄具有浓厚的地方民族特色，而且使建筑物与山头的生态环境浑然一体，这个农庄的规模虽不是很大，但是因地制宜，造就了一个具有和谐美、生态美的精品休闲农庄。

### 3. 示范引领，以多样化经营推进融合

湖南省以农业农村部（原农业部）开展的各种农业示范创建和认定为契机，结合湖南省开展了多年的休闲农业企业星级评定、优秀农庄表彰、绿色产品认定以及湖南省开展的"全国休闲农业与乡村旅游示范县、示范点""国家级星级农庄"以及"湖南省休闲农业示范园"等创建活动，形成优胜劣汰的氛围，达到"你优我新、你新我特"，建设品牌孵化器，为休闲农业成长壮大创造条件。

近年来，湖南省共创建全国休闲农业与乡村旅游示范县（市、区）13个，示范点23个，中国最美乡村5个，中国美丽田园10个，国家级星级农庄112个，全国休闲农业与乡村旅游十大精品线路5条，省星级农庄696个。

在示范引领下，湖南省各地结合自身实际，开展了形式多样的经营，并形成了多元化经营模式：一是参与体验型。主要是在城郊、河湖或景区开辟休闲农庄，吸引游客体验农家生活，感受农家气息，经营内容以传统的垂钓、棋牌、餐饮为主，目前湖南省大多数规模以下休闲农庄都属于这种模式。二

---

① 湖南省委政研室、湖南省乡镇企业局：《湖南休闲农业发展报告》，《中国农村科技》2012年第10期。

是休闲度假型。依托山地、森林、湖泊、水库等优美的自然风景，通过兴建较高档、齐全的休闲娱乐设施，吸引游客前去参加度假观光、会议住宿、健身游乐等活动，如千龙湖度假村、润泉山庄等。三是复合经营型。以农业园区、农业产业为载体，集生态旅游观光、农业科技示范与推广、科普知识教育以及会议接待于一体，以百果园、滴翠山庄等为代表。四是民俗风情型。一些民族风味浓郁的村落、山寨，通过挖掘传统文化、民俗风情、民间歌舞等开发的具有鲜明地域特色的休闲农业产品。这种农庄以湘西德夯农庄、怀化日月湖农庄、张家界绿色大地等为代表。

## （三）农业产业链延伸，区域融合集群化态势显著

近年来，湖南省各地根据自身实际，结合当地消费需求，加强创意休闲农业资源开发力度，不断调整产业布局，初步形成了"一核心、两环、三板块"[①]的总体布局。其中"一核心"指长株潭城市群都市型创意休闲农业核心，"两环"指洞庭湖湿地田园风光创意休闲农业环和四大山脉（武陵山脉、雪峰山脉、南岭山脉、罗霄山脉）森林氧吧——康体养生创意休闲农业环，"三板块"指湘西民俗风情山水田园创意休闲农业板块、湘中南湖湘文化创意休闲农业板块、红色乡村旅游创意休闲农业板块。

其中，长株潭城市群都市型创意休闲农业核心包括长沙、株洲、湘潭三市20县（市、区），以现代都市农业、装饰农业、数字农业、精细农业、特色农业体验、休闲度假与乡村旅游观光等为主；洞庭湖湿地田园风光创意休闲农业环包括岳阳、常德、益阳等3市23县（市、区），以产业化基地农业景观、规模化与标准化农业生产、农业新技术、水乡与湿地文化为主；四大山脉森林氧吧——康体养生创意休闲农业环包括处于武陵山脉、雪峰山脉、

---

① 朱继承等：《湖南省休闲农业发展战略研究》，《中国农业资源与区划》，2008年第2期。刘军：《湖南创意休闲农业空间布局研究》，《云南农业大学学报》2012年第3期。朱华武等：《湖南省休闲农业发展战略与空间布局探讨》，《经济地理》2013年第6期。

南岭山脉、罗霄山脉的县（市、区），该环以发展特色小宗创意休闲农产品设计与展示、避暑康体养生、野外探险与露营、科普考察、森林生物种质资源保护与利用等为主；湘西民俗风情山水田园创意休闲农业板块辖湘西自治州、张家界、怀化3个地级市（共24县、市、区）及邵阳的洞口、绥宁、武冈、城步4县（市），该板块创意休闲农业主要以自然景观、生态农业、民俗风情、山水田园为主；湘中南湖湘文化创意休闲农业板块包括娄底、衡阳、郴州、永州四市和邵阳市的大祥区、双清区、北塔区和邵阳、邵东、新宁、隆回、新邵共45个县（区），该板块以农村自然生态环境、农业景观、农业新技术与新品种、农业生产体验、湖湘文化、农耕文化及乡土文化为主；红色乡村旅游创意休闲农业板块主要包括岳麓区、长沙县、望城区、宁乡市、浏阳市、韶山市、茶陵县等县（市、区），以与红色旅游相结合的创意休闲农业为主。

## 第二节　资源整合与规模效应美中不足

湖南是农业大省，近年来休闲农业蓬勃发展，并取得了显著成效，但与发达地区相比，与富民强省的发展要求相比，还存在很大的差距。湖南的农业与文化产业的融合还处于起步阶段，休闲农业无论是规划、规模、质量、品牌，还是产业布局和政策落实等，都存在或多或少的问题，不同程度制约着湖南省休闲农业的发展。

### （一）思维认知受限，融合发展缺乏引力

目前人们对农业与文化产业，与其他产业的融合的认知并没有统一。主要是对休闲产业的功能作用、意义认识不足。没有树立完善农业产业链的理念，认为休闲农业仅是乡村旅游，没有意识到休闲农业的高附加值。同时，各地政府部门认识不统一，规范引导、培育、扶持不到位。

思维认知受限，导致整体规划不到位。近年来，不少县、市、区在挖掘当地农耕文化资源，促进文化与农业"联姻"方面进行了一些探索，如成立文化旅游管理公司、建立跨部门联动机制等。在一定程度上推动了区域文化与农业的融合发展，但仍存在地方本位主义因素，局部开发、自主开发现象突出，缺少整体性规划，导致地方农业与文化融合发展思路不明确。有些休闲农庄没有充分调查研究本地文化资源，照搬其他地方的做法，区域产业特色不明显，整体发展质量不高。

## （二）支撑体系相对薄弱，融合发展缺乏动力

湖南省休闲产业虽然起步较早，但相对于发达国家和国内休闲产业发达的省份来说，产业支撑体系依然薄弱。政府有关财政税收、土地政策、信贷政策、行业监管、市场体系、农业科技和农业信息等方面政策研究不够。

首先，财政支撑不够。休闲农业投入大、周期长、风险多，光靠企业自身的积累远远不够，财政支持必不可少。近年来，我国很多省、市加大了对休闲农业的财政资金扶持力度。四川省、上海市、浙江省、江苏省每年的休闲农业发展专项扶持资金都在2000万元以上，湖南省至今未设立休闲农业专项资金，限制了休闲农业做大做强，创意农业对地方经济和社会发展的作用没有得到充分体现。据统计，2015年湖南省休闲农业经营收入为265亿元，而四川达1008亿元，山东达550亿元[①]。

其次，土地流转风险依然存在。近年来，湖南省土地确权登记颁证工作开展顺利，进一步稳定和完善了土地承包关系，但是土地流转速度的加快，给土地承包关系增加了潜在的风险。目前，全省还有30%的县、市、区没有建立县级土地流转交易有形市场，且部分交易市场管理不规范，给土地承包关系长期稳定带来隐患。同时，土地流转也有加剧农村内部阶层分化的可能，造成农民内部收入差距进一步加大，影响农村和社会的和谐与稳定。

---

① 以上数据均来自各省统计数据。

最后，发展环境有待进一步优化。一是税率偏高。据调查①，有些休闲山庄生产的鱼、禽、蔬菜等土特产品出售，也课以税金，没有享受农产品免税的待遇。二是农庄利益缺乏法律保障。目前现有的法律和行政法规对休闲农业类企业资产产权没有明确的界定，权益得不到保障。大多数农庄是租用土地兴建的，地面建筑物没有产权证，种植的果林没有果（林）权证，养殖的水域没有养殖证，属于"三无"经营状态，业主难以放心发展。三是融资难。休闲农庄的土地、住房等不能作贷款抵押，很难从金融机构获得资金支持。

## （三）资源要素整合利用不够，融合发展缺乏合力

湖南是我国中西经济发展速度较快的省区之一，特别是文化产业，一直走在全国前列。作为中华民族农耕文化的重要发源地，湖南积累了丰富的农耕文化景观和农耕文化传统，应该说，这些资源为促进湖南省农业与文化产业的融合发展奠定了非常好的基础，但是在实践过程中，各种资源要素并没有得到整合，导致融合发展缺乏合力。

一是特色项目不明显。湖南省的休闲农业是从20世纪90年代开始发展起来的，经过二十多年的发展，绝大部分休闲农庄的主要活动依然没有太多变化，如吃饭、钓鱼、打牌等，没有对自身资源进行有效开发利用，也难以持续吸引客源。二是农耕体验不充分。当前，不少休闲农庄一味地贪大求洋，照搬城市建设，乡土特色越发淡化，失去了城乡景观异质性的吸引力，游客体验感差。三是缺少成熟的商业模式与服务。当前不少创意休闲农业企业经营者在没有整体规划与包装下，匆匆上马项目，较低的运营管理水平和市场营销水平导致产品缺乏市场竞争力。

---

① 湖南省委政研室、湖南省乡镇企业局：《湖南休闲产业发展报告》，《中国农村科技》2012年第10期。

## （四）基础设施薄弱，融合发展缺乏支撑力

湖南省休闲农业最近几年在经济发展较成熟和具有旅游或者资源优势的城市发展较快，特别是在长株潭等经济发达地区。但在绝大多数小型县域城市和农村地区发展比较缓慢，多数地区基础设施薄弱，服务接待能力有限。

一是服务基础设施不健全。湖南省山地丘陵多，很多休闲农业旅游地一般位于离城区较远的村落，这些地方通常交通不便，住宿、餐饮服务等基础设施无法满足游客的需要。二是卫生状况不理想。很多休闲农业旅游地缺乏生活生产垃圾和污水处理方面的能力，接待环境卫生不甚理想，给游客健康带来了隐患。三是服务接待水平低下。湖南省绝大多数从事休闲农业旅游的服务人员主要以本地农民为主，而他们大多文化程度较低，又没有受过专业培训，因此服务意识和服务质量较差。

# 第三节　融合发展尚需做足生态文章

## （一）转变发展理念，加强宏观规划和布局

文化具有强辐射性、高渗透性等特点，这决定了文化要素能够与其他产业和市场紧密联系在一起，能够推动各行各业的快速发展，并提高它们的价值。创意农业的发展需要各种文化元素扩张，而且经济实力的强劲渗透、积极参与经济周期循环才能真正激发创意农业的活力。要转变发展理念，充分发挥农业发展过程中文化的引领作用，结合湖南各地的实际情况，改变农业简单生产状况，全面挖掘农业潜能，创新农业形态，拓展新的市场空间，重点做好农业与文化、农业与旅游的对接。

一是农业与大文化的对接。依托湖南文化大省优势，大力发展创意农业。

依托湖湘文化，传承保护和开发利用非物质文化遗产，引导休闲农业企业建设主题文化景观，开展乡土民俗活动，开发特色文化旅游产品，并通过非物质文化遗产传承保护基地、艺术家创作基地等多种形式的文化载体，提升休闲农业庄园文化品位与文化功能。

二是农业与大旅游的对接。依托旅游景区，大力发展观光休闲农业，丰富景区旅游资源，提升景区配套服务，缓解景区环境保护压力，解决当地劳动力就业问题。适时出台《促进湖南省旅游休闲产业发展计划》，鼓励居民旅游休闲，进一步提升居民生活质量和幸福指数。

在此基础上，高起点、科学制定湖南休闲农业发展规划。规划应与乡村建设规划、旅游发展规划、资源环境保护规划、产业发展规划相衔接。规划布局既要发挥产业集聚效应，又要充分考虑产业项目的差异性，实现错位经营。同时，各地要因地制宜，突出地方特色，以文化为引领，合理分区，科学布局。

## （二）强化政府引导，加大政策扶持

首先，要强化政策引导。政府要把发展创意休闲农业作为重要工作来抓，成立湖南省创意休闲农业工作领导小组，建立各职能部门协调机制，整合相关扶持政策，解决创意休闲农业发展中的重大问题。尽快制定并出台《湖南省关于加快创意休闲农业发展的意见》，以便更好地指导全省创意休闲农业发展。

其次，制定包括财税、信贷、保险等在内的各项扶持政策。一是要建立专项资金。财政部门每年要安排一定数量的创意休闲农业发展专项资金，纳入年度财政预算，用于扶持创意休闲农业企业的发展。二是要支持和引导好农村土地流转。按照依法、自愿、有偿的原则，采用转包、出租、入股等多种形式，促进分散的土地向创意休闲农业企业集中，并保障农民的利益。三是要引资下乡。引导社会资本投入到创新休闲农业发展之中，解决企业融资难的问题。四是税收优惠。税务部门要给创意休闲农业企业提供优质服务，简化办理程序,切实减轻企业负担。

## (三) 提升文化内涵,强化资源保护

现在,人们对休闲农业产品的要求越来越高,传统活动已无法满足人们的需求,必须从文化创意上下功夫,增强休闲农业功能性、特色性、新颖性、趣味性、体验性、文化性。

一是要拓展休闲农业的多元功能,建设功能齐全、环境友好、文化浓郁的休闲农庄。要充分利用农业文化遗产和浓郁乡土特色,建立现代农业制度,重塑农业产业体系,拓展农业的生产、生态、旅游、文化、教育等综合功能。二是挖掘开发民俗文化资源。以当地民俗文化资源,全面提升农事节庆活动的内涵,实现"以节会友、以节拓市、以节富民"。比如,安仁县"赶分社",作为联合国教科文组织人类非物质文化遗产名录,引起了海内外的关注,将其打造成特色大型节令活动,实现了民俗文化资源与以药材优势产业为代表的农业、旅游业融合发展,取得了良好的经济效益和社会效益。

## (四) 完善基础设施,提升服务质量

与传统农业相比,创意休闲产业是一个真正意义上的有着较高附加值的服务性产业,但如果没有完善的基础设施,再好的休闲农业资源也无法体现其市场价值。从湖南省休闲农业发展实际来看,基础设施瓶颈一直制约着地方产业发展,完善基础设施,提升服务水平,迫在眉睫。

一是完善基础设施网络。全面完善农村交通基础设施网络,重点改善创意休闲农业集聚区的道路状况,为游客提供便捷的交通服务;创建创意休闲农业信息港,为休闲者提供全面、即时的信息服务;改善水电、卫生和安全保障系统,为休闲者提供良好的环境。二是规范并完善协会管理。全面梳理创新休闲产业协会组织,规范服务中介,做好中介服务机构的资质认证工作,全面提升中介服务人员综合素质。

## （五）实施品牌战略，促进区域品牌传播与发展

休闲农业区域品牌建设是一项长期、复杂的系统工程。湖南创意农业可以通过对农业文化品牌、驰名商标、知识产权和象征价值的农业产品进行创新管理，提高创意休闲农业的整体价值。建议紧密围绕湖南创意农业的主导产业、优势产业，加强农业品牌建设。与此同时，充分利用各种媒体，推介创意休闲农业品牌，充分发挥品牌效应。

一是发挥网络的力量。结合区域实际，积极宣传自身的特色和优势，通过大型网络平台和建立专业网站，对外推介本地创意休闲农业。二是利用节事营销。湖南拥有丰富的休闲农业节事资源，如安仁的赶分社、石门的柑橘节、常德的桃花节、泸溪椪柑节、益阳的竹文化节等，各具特色，通过精心策划，以节事提升区域创意休闲农业的发展。三是增强游客参与度。通过组织游客实地考察体验，形成个性体验，鼓励游客在社交媒体分享，从而形成良好的品牌效应。

# 第七章 资源聚集：文化产业与新型城镇化融合发展之基

2014年，中共中央、国务院印发了《国家新型城镇化规划（2014—2020年）》，文件指出要按照走中国特色新型城镇化道路，全面提高城镇化质量的新要求，明确了未来城镇化的发展路径、主要目标和战略任务，统筹相关领域制度和政策创新。可以说文化产业在这个规划中占有非常重要的地位，新型城镇化发展的重要手段是以文化产业为智慧城市服务，主要渠道是发展以公共文化建设为诉求点的城镇文化。《国家新型城镇化规划（2014—2020年）》要求，"在城镇文化产业的布局中，应充分注意到城乡文化的差异性与地域文化的共同性，形成促进城乡协调、互动发展的文化产业链、为新型城镇化与城镇文化产业发展创造有利的条件和环境，构建社会主义的稳定城乡文化产业结构。"

2007年12月14日，长株潭城市群获批全国"两型社会"改革试验区。"两型社会"是指："以环境资源承载力为基础，以自然规律为准则，以可持续发展政策调控为手段，倡导人与自然、人与人之间的和谐共处，致力于构建协调持续的发展体系，通过经济增长方式的转变、制度的创新、技术的革新、理念的更新来提高资源利用率，以最少的投入创造最多的财富，让人民群众在物质文化生活水平不断提高的基础上享受良好的环境。"文化产业具有绿色产业和低碳经济的特点，将特色文化产业作为新型城镇化产业布局的优先选择产业，将新型城镇化过程中的"产城一体"与产业升级合二为一，对实现新型城镇经济可持续发展具有积极意义。借"两型社会"建设之东风，湖南在文化产业与新型城镇化融合上大做文章，注重湖湘文化传承，以建设湖南特色人居环境作为推进新型城镇化的重要方向。

## 第一节 推动产业升级，产业带动持续发力

建设新型城镇化对于湖南文化产业发展来说，是一次难得的机遇，在这一过程中，加速了文化产业的集聚和升级。文化创意产业与相关行业"越界、渗透、提升、融合"的多样路径，以文化资源为主要加工对象，因其产业的特点，可以使得城镇经济走向集约、高效、绿色的发展道路。更为重要的是，文化产业的发展能够改变传统消费观念和生活方式，进而推进社会文明和谐，与构建"两型社会"的目标具有一致性。

### （一）特色小镇建设，文化产业支撑

发展城镇文化产业，有一个重要的原则——因地制宜。要根据地方的文化优势，在发展中突出地域特色，使其具有显著的地域特色，在市场上取得其他地区难以达到的核心优势。这就需要在开发特色农产品、特色食品及特色旅游的过程中，既要眼高也要手低，找准地方特色文化与整个市场的契合点，为文化产品注入特殊的灵魂，并使其成为核心竞争力，形成具有地方特色的文化产业品牌。这就需要专业的队伍、科学的规划和先进的开发理念进行保障，找准了文化资源的精髓，找准了文化软实力的着力点，产生高效的社会与经济效益，成为新型城镇发展的坚实基础。

开慧镇距离省会长沙仅半个多小时的车程，既远离城市的喧嚣，保持乡村生活的安谧，又与城区保持密切的联系，符合文化产业的发展诉求，交通区位优势非常有利于城乡文化的交流融合。该镇充分发挥这一交通区位优势，同时依托丰富的生态旅游资源、优良的自然生态环境、厚重的红色文化底蕴、齐全的公共服务配套，大力推进文化产业的发展：积极打造慧润轩、慧润农

# 第七章 资源聚集：文化产业与新型城镇化融合发展之基

舍、慧润会所、国际露营基地，发展集餐饮住宿、养生体验、户外拓展等功能于一体的乡村体验式旅游文化；积极引进板仓国际水稻文化产业园、德水艺术文化产业园、世界名品茶花文化园等项目，发展集现代农业、生态农庄、科普拓展、精深加工于一体的生态观光文化；积极推进人瑞居老年公寓、骄杨天下养老养生等项目，发展集养生保健、休闲教育于一体的孝道文化；积极洽谈以汉唐文化为主题的集影视拍摄基地、影职员工接待中心及五星级酒店于一体的国艺影视基地项目，发展影视文化，为文化产业集聚新的竞争优势。该镇还有以下措施建设特色文化。

第一，打造爱情主题小镇。从毛泽东与杨开慧家喻户晓的革命爱情故事，再到小镇 270 多对金婚夫妇携手白头的不朽传奇，开慧镇始终洋溢着一种浪漫温馨的气息，该镇为此敲定了"小镇大爱、初恋板仓"的文化定位，聘请湖南卫视主持人张丹丹为旅游推广大使，拍摄了"初恋板仓"专题宣传片，精心制作了板仓文化衫、文化帽、扇子、宣传画册等宣传品。举办了"七夕相亲"等活动，着力打造中国首个传统爱情主题小镇。

第二，打造乐和乡村文化。把该镇葛家山村作为全县 5 个乐和乡村试点村之一，大力进行乡村政治、经济、文化、社会、生态建设，五位一体综合改革探索，通过培育社会组织、分流村级事务、改革政府投入机制、培育公共经济，打造了一种极具特色的乐和乡村文化。

第三，建设红色文化品牌。致力于保护好、建设好、宣传好国家级 AAAA 旅游景区杨开慧纪念馆（包括杨公庙、烈士陵园、开慧故居）这一红色文化品牌，并以此为依托，不断提升自身的形象和魅力，创建了"板仓书院"邀请知名专家学者定期开设讲坛，为弘扬国学精粹、传播优秀传统文化搭建了重要平台，如今已成为该镇的一张闪亮名片，每当开学之时，崇尚国学、喜好文学的四方宾朋慕名而来。

第四，提升文化品牌影响。通过举办"七夕"文化节、走进长沙最美乡村开慧专场、中国曲协送欢笑、金鹰明星下基层、第二届中国·长沙国际吉他艺术节等文化活动，并借力央视、卫视等知名媒体的宣传造势，产生了良好的宣传效应，有效提升板仓小镇品牌影响力。借助外力，整合资源，并积极争取的市县旅游部门的支持和指导，先后引进了越野e族、星沙自行车俱乐部、最美乡村拍客团、骑行团等社会团体开展自驾、露营、骑行等休闲体验活动，文化品牌影响力逐步增大。

## （二）县域优势聚集，推动文化产业集群

城镇化的过程包含了产业的集聚，将县域经济文化中优势资源合理地集中，形成特色产业。聚集又是一次产业升级的良机，文化资源在新的一轮开发中得到了发掘和重塑。而相同区域内，临近城镇抱团发展更是集群化的升级版，在这一过程中相近的或者互补的文化要素可以自由的重新整合，有利于区域内的生产要素和资源的合理配置，打破城镇发展的壁垒，成为区域经济发展的突破点。

以旅游资源丰富的湘西为例，大湘西城市群包括：张家界、吉首、怀化、邵阳、娄底等5市。武陵山经济协作区建设和新一轮扶贫开发给大湘西城市群内的文化产业发展带来了升级的良机。各城市根据已有的发展基础，以地方文化特色为基础，采取优势互补的思路，合力打造"生态环境优美、民族风情浓郁、文化旅游繁荣、人居环境良好"的现代旅游城市。

再以环湘江特色小镇集群为例，长沙望城大力支持和鼓励靖港古镇按照"大保护、大利用、修旧如旧"的思路做"第一个吃螃蟹者"。仅仅一年零两个月的时间，靖港古镇就由一个破败不堪的湖区集镇一跃成为国家4A级旅游景区和中国历史文化名镇、中国特色景观旅游名镇。之后，他们以"沿江建设、跨江发展"为战略指导，把文化产业发展贯彻到城镇规划、建设的各个环节，科学合理界定城镇布局、功能定位、发展方向、发展规模，明确禁止开发、限制开发、重点开发区域，加大文化与旅游的融合，以靖港、铜官、乔口、新康等古镇为重点，在湘江两岸构建了集群开发、协调发展特色古镇群落。如今"到靖港寻古，到乔口吃鱼，到铜官玩陶，到新康看戏"为主题的环湘江生态旅游圈，路线图愈加清晰，沿江古镇群保护性开发在全省产生了较大的影响，被专家誉为望城模式。以望城为先河，湘江之滨的灰汤、花

明楼、沩山、大围山、铜官、大瑶、永安、黄兴等为代表的特色旅游名镇，形成了环湘江特色小镇群文化产业集群。

产业集群为文化产业发展集聚了活力，通过特色文化小镇群，各个小镇差异化发展，又形成风格、内蕴一致的地域文化，在创意设计、生产、流通等各个环节实现灵活的专业化分工和松散的"耦合"，形成非线性的、多层次的、多功能的网络合作关系，这种多层次的、灵活的网络关系加速了文化产业集群创新的效率。

## （三）发展古街文化，文化产业助力城市升级

新型城镇化对于城市发展也具有指导性意义，对于城市改造、扩容、提质来说，新型城镇化所要求的绿色、节能、可持续性也同样重要。怎样使得老城镇、老城区焕发活力，重新成为城市亮点呢？长沙市整合古街文化资源，打造文化魅力城南为我们展现了文化产业助力城市升级的可行性。

天心区城南路街道是楚汉名城长沙的重要文化遗址地、湖湘文化的发源中心地，这里文化底蕴深厚，文化遗产丰富，天心古阁、白沙古井、新世纪体育文化城、田汉大剧院等文化古迹和文化建筑均汇集于此，湖湘文化古韵与现代文化产业在此交相辉映。挖掘古城历史文化，整合现有文化资源，加快文化产业发展，对于提升城南人文素质，展示城南良好形象，促进城南科学发展有着重要而深远的现实意义。

挖掘古街文化，首先要实施文化保护，再现天心古城风韵。天心区城南路街道是湖湘悠久历史和灿烂文化历史的忠实见证者。要保护好、利用好、传承好这些文化遗产，让人们品味古城原汁原味的文化内涵。一是保护天心阁建筑空间类型和建筑形式。当前，城南路街道正在进行旧城改造、拆迁和房地产开发，如果不增强保护意识，有些文物古迹、历史建筑将会受到破坏，与美丽永续流传。街道内新建筑的不断增加，使得建筑密度增加，如果不科学规划，天心古阁景观视廊将受到影响。对此，街区禁止新建与被保护建筑相矛盾的项目，严格控制天心阁周边建筑的高度、风格和色彩，保持古建筑

的历史风貌和景观的整体格局。二是保护与延续湖湘支脉。现在，天心阁古城墙边已经设置城南书院故址的石刻浮雕图，根据有关城南街道历史文献资料，恢复了"高阁插云""麓屏耸翠""疏树含烟""池塘夕照"等景点，以形象的实物来诠释丰厚的文化，延续历史文脉。三是注重文化资源的保护。把湘绣、花鼓戏、老字号、历史地名和民俗风情等非物质文化遗产，以及天心阁风景名胜、白沙古井名泉、古树名木等纳入保护范围，要开展对非物质文化的普查、收集、整理工作，要根据传统艺术、工艺的特色，建立传承人制度，兴建专题展览馆，采取有效措施抢救、扶持，促进发展。

有了文化的物质和精神的底蕴，天心区实施特色文化品牌工程，彰显湖湘文化底蕴，致力于挖掘、保护、继承城南路街道的优秀文化遗产和文化资源，打造特色文化品牌，使湖湘文化之源，名头更响，牌子更亮，知名度、美誉度更高。他们一共推出了四个文化品牌。一是打造以毛泽东、周恩来为代表的伟人文化。一代伟人毛泽东、周恩来曾经在天心阁留下千古绝对，毛泽东曾在白沙井吟咏。这些都为打造伟人文化提供了宝贵的历史资源，可运用仿真雕塑、现代电子技术，还原当年毛泽东、周恩来吟对轶事，融入文化遗产旅游景点中，增强人们对伟人的感性认识，增强天心伟人文化的魅力。二是打造以青年毛泽东救国图强为代表的"红色文化衫"品牌。在湖南第一师范求学期间，毛泽东经常在节假日邀同学到天心阁纵谈时局、探求真理，这里还曾经留下了市政公所总理抗议湖南军阀谭延闿力保古城墙和天心阁的壮举。天心阁不但见证了长沙的发展和变迁，更见证了新中国的历史。以天心阁为中心的文化开发，以多种文化产品的设计，多方面立体展示了天心阁在历史长河的地位，将发生在这里的波澜壮阔的历史事件鲜活地展现给游客，增强红色旅游的生动性、吸引力和感染力。三是打造以杜甫为代表的诗词书法文化。自古城南文人墨客甚多，文风盛行，唐代诗人杜甫、晋代文学家谢惠连曾在白沙古井、天心阁吟诗作词。清乾隆年间进士旷敏本、优贡张九思曾作有《白沙井记》《白沙泉记》。杜甫江阁与这里毗邻，诗词也是湖湘文化精华，历史文化积淀使今天的城南仍然充溢着书香之气、文化之风，要充分挖掘这些历史文化资源。通过举办中秋赏月吟诗会、诗词书法展览、诗词书法理论研讨会等各类文艺活动,在天心阁、白沙井创建诗词风光带,力争打造一批文化艺术精品。四是打造以古阁、古井为代表的寻古探史休闲旅游文化。以天心古阁、白沙古井、古道为线路,依托田汉大剧院、琴岛,形成"天心古阁寻一次史、白沙古井品一回茶、古玩城淘一次宝、田汉剧院看一出戏、古道巷商业街购一回物"的文化旅游品牌。

在此基础上,发展文化产业也得到了新的飞速发展。天心区的老牌演艺企业如田汉大剧院、贺龙体育馆、琴岛等,通过演艺、影视、动漫、创意、设计等文化产业的招商引资,以民间资本投入文化产业进行投资和经营,使得演艺产业形成了富有活力的优势企业。在2010年改造白沙路"茶文化街"的基础上,进一步策划"茶文化街"街道,在品牌价值、经营成本、文化理念、环境美化、管理机制上再提炼创新,形成集消费、鉴赏、休闲、旅游于一体的茶文化街,为特色街建设注入更多的文化内涵,彰显文化特质,打造古城长沙城市文化和特色文化名片。精心打造天心阁、白沙古玩城。当前长沙古玩城群雄逐鹿,而天心阁、白沙古玩城仅一街之隔,并紧邻简牍博物馆,政府在市场调控上,要找准定位、突出特色,避免市场定位冲突,实现两个古玩城的互补、客户共享。创新打造文化产业亮点。要依托天心文化产业试验园、广告创意产业园、中南国家数字出版基地等品牌企业,立足白沙井茶文化、古玩城淘宝文化,考证毛泽东等历史人物在城南的足迹,挖掘古阁的轶事,重点加强对湖湘文化的研究,将具有湖湘文化特色的资源元素广泛运用于旅游产品、工业产品、文化产品和饮食产品之中,打造"一"批如湘绣服饰街、酒吧文化街、名人纪念品街的街道,使城南文化独具特色、效益倍增。

## 第二节 要素流通不畅,财富涌流仍需开拓

文化产业在加速新型城镇化建设中发挥出显著的带动作用,释放出可观的乘数效应,带动了相关产业的发展。其更可贵的一点在于,文化产业的融合会给新型城镇带来新的文化理念,赋予其丰富的文化内涵,从而有利于城

市整体产业水平的提升,从根本上避免因产业发展层级低下、建设经营水平粗放所导致的城市建设品位不高。

近年来,湖南各地发展文化产业的热情空前高涨,但是相比较而言,监管手段滞后,政策供给不足,发展环境依然不顺,主要表现在以下三个方面。

## (一) 发展不平衡,产业基础薄弱

湖南省城镇发展总体呈现出中小城市影响力有限、各地区发展不平衡的现状。2016年城镇人口有3598.6万人,城镇化率达52.75%;湖南省县域GDP占全省GDP的比重达七成,县域经济已成为全省经济发展的重要支撑。全省县域地区实现生产总值21824.91亿元,首次超过2万亿元,比上年增长8.66%。2016年,全省县域实现固定资产投资18123.35亿元,占全省固定资产投资的65.5%。但湖南县域经济还存在发展不平衡的问题,最直接的影响就是文化产业发展的基础薄弱,如交通和公共设施差,文化基础设施缺乏,信息滞后,限制了文化产业的发展。

表7-1 2016年上半年各市州、区域对全省规模以上
文化产业总产出增长的贡献率和拉动点①

| 城市 | 总产出(亿元) | 比上年同期增长(%) | 贡献率(%) | 拉动(百分点) |
| --- | --- | --- | --- | --- |
| 全省 | 1684.15 | 10.7 | — | — |
| 长沙市 | 896.34 | 14.4 | 69.2 | 7.4 |
| 株洲市 | 206.34 | 6.4 | 7.6 | 0.8 |
| 湘潭市 | 58.64 | 15.6 | 4.9 | 0.5 |
| 衡阳市 | 44.56 | 12.4 | 3 | 0.3 |
| 邵阳市 | 59.81 | 1.5 | 0.6 | 0.1 |

① 湖南统计信息网 http://www.hntj.gov.cn/tjfx/jczx_3462/2016jczx/201608/t20160811_615839.html

续表

| 城市 | 总产出（亿元） | 比上年同期增长（%） | 贡献率（%） | 拉动（百分点） |
|---|---|---|---|---|
| 岳阳市 | 146.49 | 3.7 | 3.2 | 0.3 |
| 常德市 | 37.27 | 1.8 | 0.4 | 0 |
| 张家界市 | 7.21 | 12 | 0.5 | 0.6 |
| 益阳市 | 34.02 | -0.4 | -0.1 | 0.2 |
| 郴州市 | 114.89 | 8 | 5.2 | 0 |
| 永州市 | 16.18 | 21.2 | 1.7 | 0.3 |
| 怀化市 | 15.23 | 1.2 | 0.1 | 0 |
| 娄底市 | 41.98 | 14.3 | 3.2 | 0.3 |
| 湘西自治州 | 5.18 | 15.2 | 0.4 | 0 |

从表7-1可以看出，长株潭地区以1161.32亿元，占全省近7成的文化产业总额，文化产业地区发展不平衡现象还是比较明显。

在新型城镇化成为区域发展的重心之后，各地政府的重视程度不一，文化小城镇协同推动发展也不平衡，主要表现在：省会城市发展较为良好，其他地区发展缓慢；传统风景名胜发展良好，周边地区潜力开发不够。新型城镇化，对县域经济发展来说是机遇；但同样也是重要的挑战，它要改变以往发展的模式和思路，以实现社会经济的全面发展。文化产业与新型城镇化的融合难度也正是在于其复杂性和综合性，没有高屋建瓴的规划统筹和雄厚的财力支持，文化产业发展难以进行高标准设计规划，设计规划难以落地，最后导致开发出来的文化产品缺乏鲜明的地域特色、功能设施不全。

发展的不平衡最后也带来了观念的不平衡，不能合理地利用本土资源，难以形成在此基础上的地方文化品牌。缺乏科学的发展理念和清晰的发展思路，具有地方特色的文化产品不能与相关产业有机结合；品牌观念淡薄，文化产品缺乏有效的宣传和营销；缺乏自主开发文化特色资源的能力，成了湖南许多地区新型城镇化与文化产业融合发展的阻力。

## （二）创新意识不足，城乡资源整合效益欠缺

新型城镇化的发展，要求政府在文化产业的创建和推广中起重要作用，但是很多基层政府缺乏将本地文化资源转化为产业资本的理念。这主要表现在：首先，重规划、轻策划。很多旅游开发项目都是有规划而无策划，导致政府、企业拿到规划之后还是"老虎吃天，无从下口"，产生的后果是：一方面，将规划束之高阁，规划是规划，建设是建设，没有按规划行事；另一方面，因为有了规划，就自以为可以高枕无忧地大干快上，没有考虑市场，结果与市场脱节。其次，重模仿、轻特色。一些特色小镇建设城镇旅游规划只重视模仿和照搬，不重视项目定位和产品卖点，不注重在全国范围内进行横向比较，导致一些城镇建设大同小异，似是而非，缺乏独特的市场形象和功能定位。还有一些规划因对文化资源的价值判断不准，甚至贬低，导致一些有开发潜力的资源没有得到有效的开发和保护。最后，重项目、轻体验。文化产品最终环节就是消费，人们来到特色小镇进行文化之旅，想进行一次深层次的文化体验、修身养性。虽然很多项目建设得很好，但是体验感很差，文化项目周边的配套设施也很差。例如，在一些旅游项目中，公共厕所、停车场、参观游道、标识系统、导览系统、购物场所等一系列的配套服务设施不够完善，影响到消费者的消费体验，从而影响到之后的口碑，使得特色小镇文化产业难以吸引人、留住人。

## （三）商业氛围过浓，文化保护不足

湖南省地形多样，具有丰富的文化和自然资源：名人伟人故里众多、少数民族聚集、名山大江纵横。这些宝贵的资源是自然和历史沉淀的结果，与周围环境息息相关，融为一体。然而，许多地方没有遵循原来的风貌改造城镇，临街商铺充斥道路两旁，现代建筑以新充老，古镇的原真性

和传统氛围遭到破坏。另外，一些文物保护力度不够，文化遗产遭到破坏的现象也屡见不鲜。商业的过度繁荣不利于古镇的保护，等于毁掉了特色文化的核心竞争力。而除了建筑的部分，古镇文化中人的因素也是文化的一部分，而部分景区为了迎合游客的需要，对古镇进行大规模的重建，引进了大量的外来经商者，改变了古镇居民结构，店铺泛滥，破坏了古镇的原有风貌，改变了古镇原有的古朴风格，传统文化受到了外来文化的冲击。更有甚者，为了追求利益最大化，以文化开发为噱头，却只有商业赚钱之实，出现了"宰客杀客"的不良现象。最终令人神往的小镇文化成了商业街，传统特色文化逐渐消失，特色小镇的文化吸引力下降，违背了可持续发展的原则。

过度商业化不仅损害了文化旅游的开发，对本地居民来说，小城镇规划没有参考他们的意见，在进行文化产业开发的时候破坏了他们原有的生活和利益。本地居民难以得到小镇建设的实惠，反而造成了社会矛盾，为小城镇的可持续发展带来障碍。这些与新型城镇化可持续发展背道而驰，要引起人们的足够重视。

## 第三节 拓展城镇功能，品质提升焕发活力

党的十八届三中全会中提出的城乡一体化发展战略，确立了实施面向中小城镇来吸纳农村人口的发展城镇化的新路径。随着经济全球化和区域经济一体化的进一步深入，我国工业化、城市化以及农业现代化都得到了较大的发展，为经济与社会发展起到了较大的推动作用。新型城镇化是坚持以人为本，以工业化为动力，推进城乡统筹、产城融合、生态宜居的城镇化。其核心在于不牺牲农业和生态发展，实现城乡一体化和公共服务均等化，促进经济社会发展，实现共同富裕。要实现就地城镇化，一个比较现实的问题就是要处理好产业发展和城镇发展的关系。以绿色、低碳为特征的文化产业，在推动新型城镇化发展时有着先天的优势。湖南文化产业

与新型城镇化融合之路，在借鉴他山之石的成功经验的同时，更应该挖掘本土文化，让融合接地气、有根基、惠乡邻。

## （一）政府主导资源配置，集约发展优势产业

新型城镇化，对于小城镇来说，一方面是要发挥自己的特色优势；另一方面也要主动出击，创造条件、发挥优势，与大城市主动对接，凸显本地产业的功能性作用。在城市群的辐射下，以文化产业为契机发展新型城镇化，重点在"功能定位"。城市群产业门类较为完备，是产业要素、人才、技术、资本、市场的集聚地。小城镇分散在城市群的周边，是承载城市群产业溢出的重要载体，以自身资源为基础，发挥区域优势，在城市群的整体发展下形成合理的功能布局。

以文化产业为突破口，将人与文化、人与自然进行融合，多赢的共生发展是促进新型城镇化的主要动力之一。发展文化产业，在保护文化资源的基础上，创造性地利用资源，通过文化来聚合产业要素、整合市场资源，进而在实现产业目的的基础上营造更加凸显特色文化的环境、氛围，在这一过程中使区域特色文化与产品的文化性、区域的文化氛围相一致，这是通过文化产业实现新型城镇化产城一体、优化产业结构的真正意义所在。

只有充分依托地域文化的传承与创新，才能打造出具有独特魅力的特色城镇。因此，在新型城镇化之中，湖南以发展特色小镇文化为突破口，就要找准本身的文化优势。立足自身的生态特质、资源禀赋、文化内涵、经济水平，来打造本地区的基础设施和文化景观，凸显特色城镇化建设文化继承和创新。比如对古镇的建设，要让古镇文化资源保护与开发相辅相成，不能本末倒置。发挥自身优势的同时，也可以抱团取暖或者"背靠大树，好乘凉"，以区域联合发展，为城镇化发展扩展空间。例如，湘西州小镇建设，就可以统一在湘西旅游品牌之下，进行差异互补抱团发展，形成多样、多层次、多种体验的文化产品来满足不同的文化需求。又如，长株潭地区的城镇，可以

与整个长株潭城市群的发展相对接,必须与长沙市建设国际文化名城相对接,通过长株潭城市群建设和长沙国际文化名城建设的辐射和带动作用,实现自身文化产业的大发展、大繁荣。

## (二) 本土特色文化挖掘,形成特色优势品牌

特色文化产业是指基于民族和区域特有文化资源,其产品具有鲜明的民族和区域文化特点。"在开发特色农产品、特色食品以及特色旅游产品的过程中,要突出地域特色,要挖掘城镇内已有的文化资源,高标准、高起点地进行形象包装,以质量至上、服务第一为宗旨,把文化因素全方位融入产业之中。"①

从国内外成功经验来看,特色小镇要有一个或者几个核心主题,比如有自然风光的,音乐、建筑、美术等艺术形态的,或者是户外运动休闲的主题。单一的古镇文化就需要在核心主题上进行定位和开发。首先,要契合本土文化的特点。例如,成都市的"宽窄巷子"品牌发展,代表了成都"慢生活""新生活"等城市文化,得到了市场的认同从而衍生出精品酒店、私房餐饮、演艺娱乐、情景消费等多种业态。现在更以"宽窄巷子"为主题,开设连锁餐厅,开发特色文化资源衍生产品,多业态发展,文化产业与多产业融合,形成了优势品牌。反观湖南,类似的"火宫殿"还只在湖南省内出名,同样历史悠久,也有伟人的典故,本身也具有演艺、餐饮、景点等业态。但是,在文化内涵上挖掘不够,没有达到代表湖南特别是长沙特色的文化氛围和市井气息的高度,难以吸引省外市场的青睐。其次,在核心主题上将古镇文化产业链向纵向延伸,也就是在传统的文化旅游基础上衍生出一些新的产业。"宽窄巷子"主题的产业延伸,就包含了文化创意、文艺表演、文化展示等多种形式。在城镇建设规划的时候就要给古镇文化旅游产业的纵向延伸留住空间,通过创新包装和策划打造古镇文化旅游产业链,形成一种全产业链的发

---

① 刘咏梅:《推动文化与旅游产业融合发展》,《广西日报》2011年5月26日。

展模式。最后，古镇文化产业链也要进行横向拓展。这是指与其他产业的融合和对接，如金融、交通、通信、会展、制造、教育等。例如，将古镇文化对接互联网，利用各大网络平台展示宣传古镇文化，让人们在网上也能体验古镇文化；又如，与制造业对接，生产具有地区文化特点的文化创意产品，让极具本土风情的商品成为小镇的另一张明信片。

## （三）完善文化产业发展环境，扶持本土文化企业

本土特色文化挖掘，在文化产业发展上，政府要兼顾本地群众的利益，注重扶持本土的文化企业。新型城镇化与城镇文化产业的融合发展，最终受益者应该是城镇居民。作为城镇经济的基础，本土企业要搭上这一发展的顺风车。对基础薄弱的本土文化企业，在进行产业规划的时候，要将之放在重要地位，不能只注重引进，而损害了本地企业的经营。

在新兴城镇化过程中，城镇文化产业的发展要在政府产业发展机制的引导下进行。在城镇文化产业的发展中，要不断为其注入活力，培育好适合其发展的土壤，在资金上给予适当的支持，增强企业的市场竞争能力。城镇文化产业要想取得长足发展，首先要有合适的文化产业项目和特色的区域产品。其次，要有适合文化产业发展的土壤，在市场经济的推动下，取得一定的市场占有率。一般来说，增强企业在市场上竞争力的途径主要有：一是在企业内部培养文化产业发展专业人才，进一步增强企业在文化市场上的影响力；二是不断增强文化产业在市场上的影响力和渗透力，打造高端品牌；三是在城镇文化产业发展中，多种营销渠道相结合，增强企业的实力。只有切实做到这些，才能不断增强文化企业在市场上的竞争力。最后，在地方政府层面，尽快完成由办文化向管文化的角色转变，依托自身文化资源优势，引导企业建设一批内涵丰富、关联度高、带动性强的文化产业项目，提升区域集约式、联动化、"智造"型文化产业的竞争实力，融合其他相关产业，创造更多的创业机会、就业岗位给社会公众。一方面，发展建立一批代表性强、公信度高、适应市场需求的文化协会组织；另一方面，结合践行社会主义核心价值观，

通过开展文化宣传教育、树文明新风等道德实践活动,提升基层管理水平和大众人文素质,为新型城镇化建设进程中农民向市民、向产业工人的转变奠定人文基础。

# 第八章　凭海临风：长沙文化产业与体育产业融合发展之机

体育产业是指以体育为主体并进行经营、管理和服务等综合性的社会实践活动。体育产业与文化产业的融合发展早已上升到国家战略层面，2010年3月，国务院颁布《关于加快发展体育产业的指导意见》，成为国家层面首次出台的体育产业政策。该"意见"强调"协调推进体育产业与相关产业互动发展，推动体育产业与文化、旅游、电子信息等相关产业的复合经营，促进体育旅游、体育出版、体育媒介、体育广告、体育会展、体育影视等相关业态的发展。"这意味着在国家层面上已经将体育产业与文化产业的互动发展放在了重要的战略位置上。

经调查核算，2015年湖南省体育产业总产出为493.30亿元，增加值为194.28亿元，占当年全省GDP比重的0.67%。见表8-1。其中体育服务业总产出和增加值分别为340.29亿元、150.15亿元，占全省体育产业总产出和增加值的比重分别为69.0%、77.3%。体育产业通过强基增效，逐步形成以体育本体产业为主、多业并举的发展格局。

表 8-1 2015 年湖南省体育产业专项调查统计[①]

| 产业 | 总产出（亿元） | 增加值（亿元） |
| --- | --- | --- |
| 体育产业 | 493.30 | 194.28 |
| 体育服务业 | 340.29 | 150.15 |
| 体育产品销售贸易代理与出租 | 219.30 | 90.99 |
| 体育用品及相关产品制造 | 137.75 | 40.74 |
| 体育场馆服务 | 30.52 | 16.89 |

2011 年组建的湖南体育产业集团，规模逐步壮大，成为湖南体育产业龙头企业。体坛周报社成功改制为体坛传媒集团股份有限公司，成为全国第一批真正改制成功的非时政类报刊出版单位。全省体育彩票销量逐年稳步攀升，"十二五"期间累计销售额达到 152.33 亿元。全省体育场馆在坚持公益属性的前提下，经营效益稳步提升。竞赛表演、体育旅游、体育用品销售、体育中介、体育培训实现了稳步发展，创造了良好的社会效益和经济效益。顺应体育产业的飞速发展，产业融合的发展之路也逐步成型，《湖南省体育发展"十三五"规划》对湖南体育的发展战略提出："体育产业以体育与相关产业相融合、壮大规模、提高总量、丰富供给、完善市场为驱动，推动体育产业向规模化、集约化发展。"

# 第一节 加大政策扶持，核心产业飞跃发展

体育产业在我国经济的快速增长大背景下得到了极大的发展，但体育产业相比其他产业并未成为国民经济中的支柱产业。湖南省利用自身的资源和

---

[①] 数据来源：湖南省人民政府网 http://www.hunan.gov.cn/2015xxgk/szfzcbm_8834/tjbm_6853/zjxx/201704/t20170421_4143659.html。

人才优势，对体育产业进行了一些有益的尝试，特别是在文化和体育产业融合上，湖南发达的文化媒体业推动体育走向大众、走向前台，成为人们文娱生活的一个热点，将原来相对发展滞后的体育产业进行产业转型，提升了人们了解和参与体育活动或者消费的热情。

## （一）体坛传媒成为体育传媒新航母

提到湖南体育传媒，普通的体育爱好者都会随口说出《体坛周报》这一大名鼎鼎的报纸，从1988年创办，1994年后借助中国甲A联赛和欧洲足球联赛的大量报道，逐渐开始占据中国体育传媒市场。目前，《体坛周报》已经成为全国发行量最大的体育类报纸，被中国新闻研究中心评为体育类报刊中影响力、公信力最强的媒体。其拥有华人圈最大的专业体育编辑、记者团队，专业人才遍布全球五大洲。作为中国体育平面媒体集团的领头羊，是全球包括FIFA（国际足球联合会）、FIBA（国际篮球联合会）等各大国际体育组织在中国的首选合作伙伴。2010年起，体坛周报社进行了转企改制，通过重组设立了体坛传媒有限责任公司，并于2014年11月完成了股份制改造工作，2013年底完成了首轮融资2亿元的工作。在向资本市场挺进的同时，为适应新形势下转型升级的需要，体坛传媒已经完成了从单一平面媒体向平媒、"互联网+"、体育产业及投融资并购的四轮驱动跨越式发展，实现了高尔夫产业、国际体育经纪产业和国际体育旅游三个方面的突破。

《体坛周报》的成功，正是长沙文化与体育产业融合的成功范本之一，正是依托湖南杰出的文化实力，体育传媒最早成为融合发展的突破口。敢为人先，长沙体育媒体将新的技术和手段，也整合到产业融合之中。当无线通信技术与信息网络技术、计算机技术的结合催生了一种新型革命性媒体——手机媒体。体坛手机报在北京奥运会前在湖南正式运营一开通就已获得用户近万户，开发了手机体坛有彩信、短信，客户端等产品。2008年，体坛传媒集团旗下成立了体坛网，包括体育新闻、体坛版、体苑沙龙、体育动漫、体育游戏、彩票超市、无线体坛八大板块，旨在打造全中国、全球华人圈最大的垂直体育门户网站。

受体坛媒体的影响，电视湘军也将体育专题节目做得有声有色，湖南卫视曾推出《智勇大冲关》《奥运向前冲》《步步为赢》《我是冠军》《NBA 篮球星期天》等多档娱乐体育节目，其中《奥运向前冲》连续 13 次获得全国同时段收视率第一。湖南经济电视台连续打造了《征服》《奥运向前冲》《快乐向前冲》《女子泥浆搏击战》等多档高收视率节目。不仅如此，湖南还制作了"中泰拳王争霸"比赛，通过举办具有大影响力的体育赛事，更是打响了湖南卫视的名声。

## （二）群众体育热情高涨，体育休闲市场火热

近年来，随着人们对健康生活的追求，"跑步热"风靡全国，马拉松赛由北到南遍地开花，掀起了全民健身的热潮。2014 年 10 月，全民健身进一步上升为国家战略，体育产业顺势起飞，充满无限的发展空间。三湘四水的湖南拥有温和湿润的气候，适合举办各种体育赛事，每年在此举办的门类繁杂的赛事数不胜数。仅以长沙为例，2015 年从 3 月份到年底，长沙共举办了 10 余场国际性体育赛事，比如国足热身赛、四国男篮对抗赛、男篮亚锦赛、国奥热身赛、国际马拉松、湘江国际帆船赛等。其中，2015 年，湖南体育产业集团举全集团之力组织承办了第 28 届亚洲男子篮球锦标赛，助力中国男篮也以 9 战全胜的骄人战绩再次登上亚洲之巅。此次赛事的成功举办，对于宣传湖南、推荐湖南以及提升体育产业影响力、激发民众体育健身活力起到了极大的作用，赢得了社会效益与经济效益的双丰收。在这些比赛中，"马拉松"又成为长沙体育健身最"大牌"的一个词，除了长沙马拉松之外，还有其他诸如荧光跑、众筹跑、彩色跑、四季跑等大大小小的赛事，每一场比赛都是人山人海。类似这样全员参与的群众性体育活动，在湖南已经非常常见，在省会长沙已经形成了几个体育文化旅游综合开发品牌，丰富了人民群众的体育文化生活，也是体育与文化产业融合发展的亮点之一。

贺龙体育馆是湖南省最著名的体育场馆，围绕体育馆，建设有网球俱乐

部、城市广场、火炬塔、摩天轮游乐场、酷贝拉乐园、大型商场、地下停车场等，形成了长沙天心区贺龙体育中心，能够满足体育竞技比赛、全民健身、集会典礼、文化展演等文体活动的需要。湘江休闲运动旅游也以水上运动为主打，成为长沙体育休闲的名片之一。以"东方莱茵河"为目标，湘江景区以橘子洲为核心，建有湘江水上旅游步行街项目，一方面以水上项目为主，在水上度假基地有大量水上项目可以开展；另一方面，在橘子洲开发了国际烟花大赛燃放基地、橘子洲沙滩排球赛等。除了城市群众体育赛事，风景名胜也是赛事举办的热门之选。早在1999年，张家界景区举办的世界特技飞行大师"穿越天门"的体育活动，产生了轰动天下的惊人的关注度，天门洞因此声名远扬。此后，张家界每年都要举办几场极限体育赛事，如世界翼装飞行锦标赛、峰林穿越自行车赛。其他湖南名胜也纷纷举办类似活动。体育赛事所带来的规模效应，为景区聚集了人气，打开了知名度，是湖南体育与文化产业融合的亮点之一。

## 第二节 基础相对薄弱，互动发展指数不高

毋庸质疑，近几年湖南体育产业快速全面发展，特别是群众体育和体育旅游。随着人民群众健身活动的增加和我国全民健身计划的贯彻实施，群众体育和体育旅游在一定程度上成为湖南体育产业的主推器。但是，湖南的体育产业自主创新和竞争力与发达地区相比还存在一定的差距，仍处于较低水平和档次，缺少自主品牌。厚积才能薄发，湖南体育产业的发展确实还存在一些历史欠账，体育赛事和体育文化需要大力引进和建设。更为重要的是，要想体育产业走得长远，打造体育产业的拳头品牌，文化与体育的融合发展应该是重中之重。

## （一）缺少优质赛事，产业发展亮点不突出

竞赛表演业是体育产业的核心，体育传媒是加快体育产业化的关键。其中，体育内容资源为竞赛表演业的基础，赛事运营和体育传媒则是挖掘和培育赛事品牌价值的关键。据相关数据显示，国际足联在世界杯的收益中，60%～70%是媒体转播收益，广告费和赞助费收入达到20%～30%，剩下10%左右则是从球迷手里赚得，其中包括门票和相关商品的销售。此数据说明体育与传媒业融合发展所获得的"乘数效应"是巨大的，而且它较强的带动力能够直接影响到不同的经济组织或人群，形成产业融合的极大优势效应。

体育产业和文化产业的融合发展最重要的还是内容与创意。目前来说，湖南省内优秀的体育赛事还是相对缺乏，并且没有形成具有较强吸引力的体育活动品牌。如果要形成体育产业的自主品牌，最为关键的还是要以赛事为基础。反观湖南地区的赛事，没有高级别的体育项目队伍，诸如足球、篮球、乒乓球等联赛，湖南省内都没有主场作战的高水平队伍，高级别的体育赛事难以在湖南开展，难以形成体育竞赛业态。

除了职业赛事，湖南省的群众体育运动也有待进一步的提升。群众体育活动能够吸引众多体育爱好者的参与，一方面是扩大城市知名度，打造新的城市名牌的最佳途径之一；另一方面也可以带动相关消费，增加体育人口，促进体育产业的发展。湖南群众体育基础还是不错的，2016年，全省经常参加体育锻炼的人数为2399.6万人，开展全民健身项目2601项次；在体育基础建设上，也取得不俗的成绩。近些年来，长沙相继举办环湘江自行车邀请赛、湖南全民健身节等，但因宣传力度不够，在国内还没有形成影响力，品牌升值还有很大的空间。

要广泛动员和组织群众体育运动活动和赛事，形成群众体育品牌，这就需要文化产业参与其中。文化产业中的出版、传播、传媒等部门参与体育品牌的包装，可以扩大体育的影响，展示体育的精神文化价值，给体育产业带来了人气，也带来了全民健身的高潮。顺势而为，湖南体育与文化产业融合

在推动群众体育发展方面，还大有可为。

## （二）缺少体育产业园，产业融合程度不高

从目前湖南体育产业的发展现状来看，缺少有国际影响力的体育文化创意产业，尤其是体育品牌制造企业集团和销售团队，没有体育专业产业园区，没有知名体育用品品牌，缺乏支柱性体育文化企业。这是湖南体育产业相对较为薄弱的主要表现。

一直以来，湖南对于体育产业的发展扶植力度还是不够的，如湖南体育产业引导资金的配比太少，还未建立国家级、省级体育产业示范基地（示范单位、示范项目），龙头产业项目带动作用不够强，主导品牌不多。而产业聚集是发展体育产业的必经之路，指的是通过与经济、文化、自然、科技等资源禀赋进行融合，完成跨界深度融合。现在湖南省尚未有真正意义上的体育产业园区，这与湖南省体育产业发展现状有很大的差距，因此，《湖南省体育发展"十三五"规划》指出："科学制定体育产业发展规划，加强体育产业园（区）、产业基地（示范单位、示范项目）创建工作，鼓励各地因地制宜发展区域特色体育产业。"[1]

与其他的文化产业园区一样，体育产业园区需要具有优势资源的企业，走体育产业功能集聚区的特色发展之路。从目前湖南省的实际来看，各地级市还没有一个完整的贴合本地实际的发展思路。如各市、县体育休闲健康产业园在园区定位上，几乎都类同地打出了"集生态、休闲、旅游、体育健身、度假、娱乐、会议于一体的旅游度假区"。体育旅游相对来说，发展更要求与本地自然人文条件融合，而在规划中不存在区域差异，很难区隔和辨识这些产业园区的特色及特征。单从目前大众体育需求多元化、多样化和体育消费差异化来看，湖南体育健身休闲产业园建设，缺乏创意，千篇一律，乃至园

---

[1] 湖南省政府网 http://www.hunan.gov.cn/zw/ghjh/fzgh/201606/t20160627_3076201.html

区的经营理念、管理模式包括产品设计和园区形象等，都有抄袭复制的痕迹，这显然不利于园区的发展。

## （三）区域产业发展不平衡，地域特色挖掘不深入

目前，湖南省体育与文化产业相对活跃的区域主要分布在长沙市，无论是其产业贡献率，还是其产业的发展速度、水平、规模、质量与竞争力等，都是湖南省最为突出的。这些体育场馆大部分集中在"一圈一带"（"一圈"是指湖南省的长沙、株洲、湘潭，"一带"是指湖南沿京广线区域）区域，在经济欠发达地区较少，湖南省体育场馆的分布不均匀。

作为省会城市，长沙市对体育产业的发展十分重视，有着明确的思路。长沙市体育产业发展迅速，产业规模在全国同类城市排名不断跃升，已成为扩大就业人口、发展第三产业、促进经济转型发展的重要产业。2015年年末，全市拥有各类体育及相关产业单位数11182家（含个体户），从业人员48608人；产业增加值迈上新台阶，达到42.65亿元，占全市国内生产总值（GDP）的0.49%。长沙市形成了以健身娱乐、体育传媒、体育彩票、体育中介、体育用品为主体，辅之以竞赛表演、体育培训、体育旅游等体育市场的投资主体，逐步趋于多元化的产业体系。体育彩票、《体坛周报》是城市体育产业的两大经济支柱，而湖南省体育产业开发中心则是综合性市场开发领域的领头羊。在此基础上，长沙市出台了《长沙市体育产业中长期规划（2015—2025）》，指出要整合各种优势资源，推进体育产业与其他产业的融合发展。特别提出要"依托长沙发达的传媒业，积极支持体育广告、出版、电视节目、网络传媒等产业发展，重点打造全媒体体育综合信息服务平台和服务体系，完善长沙体育产业信息平台'星城·新动力'体育网站的功能；着力发展体育动漫游戏、电子竞技、体育工艺与设计等新兴产业，开发电子竞技对战平台，建设专业性电子体育竞技运动场馆；加强体育文化宣传，挖掘长沙市传统体育文化，保护民间体育文化遗产，积极推广雕塑等形式多样的体育题材文艺创作，传承体育文化；积极发展体育会展业，打造特色品牌体育会展项

目，培育和举办具有国内外影响力的体育题材博览会，开发具有地方特色的节事文体活动"。长沙市的发展无疑又将对湖南省体育产业的发展做出表率，但是，其他地级市在体育产业发展上还欠火候。这种现状反映了湖南省体育与文化产业发展上的不均衡性。

湖南区域体育产业均有可开发的优势资源，湖南作为"奥运冠军之乡"，有许多竞技体育资源。比如：郴州有"中国女排的秘密基地""女排起飞之地"；益阳羽毛球训练基地享有"羽毛球冠军摇篮"的美誉。永州是湖南和国家水球训练基地。张家界有"世界一流、亚洲第一"的激流回旋基地。同时，湖南拥有众多珍贵独特的自然资源，为体育发展提供了非常有利的条件，例如，湘西猛洞河漂流、郴州东江漂流、张家界森林公园游、邵阳琅山地质公园游等项目已成为体育旅游的热点。除了名胜体育资源之外，湖南农村的综合型休闲体育资源也很丰富。这些综合型的资源有农家乐、度假村、休闲山庄、休闲农庄、生态景区、生态园等。在长沙的周边就有许多，在这些地方，基本都开设了乒乓球、网球、羽毛球、沙滩排球、篮球、钓鱼、拓展活动、爬山、游泳、放风筝、台球、高尔夫练习等体育项目。

但是，这些体育旅游产品还处于体育产业的范畴，其文化内涵还是比较缺乏的。都单单将体育产品定位在诸如漂流、登山等体育项目中，没有创意，没有体现本地的文化特色。总体来说，湖南具有丰富的自然景观和人文景观，为开发体育旅游项目和建立体育旅游基地提供了优越的条件。要解决湖南体育区域产业发展不平衡的问题，关键还是要深入挖掘地域特色，要充分发挥湖南旅游资源的优势，突出湖南各重要景点的文化内涵，创造性地开发体育旅游创意品牌。努力扩大体育旅游特色项目的影响力和知名度，不断提高湖南体育旅游业竞争力，使湖南体育旅游走向世界。

## 第三节 强化创意理念，着力打造精品工程

《湖南省体育发展"十三五"规划》指出："体育产业以体育与相关产业

相融合、壮大规模、提高总量、丰富供给、完善市场为驱动，推动体育产业向规模化、集约化发展。"可以看出，体育与文化的融合发展是未来湖南体育产业发展的必经之路。2015年10月，湖南省人民政府下发《关于加快发展体育产业促进体育消费的实施意见》（湘政发〔2015〕41号）（以下简称《意见》）。对于体育与文化产业融合发展，《意见》给出了非常详细的指示：要丰富体育产业内容，完善产业链，推动体育与文化创意设计服务、广告、传媒等融合，促进体育传媒、体育广告、体育会展等相关业态的发展。经过多年的发展，湖南在体育与文化产业融合上已经取得了一些成绩，积累了一定的经验，继往开来，产业融合之路还需要持续发力，以融合促进湖南体育上台阶、成亮点。

## （一）加大基础投入和赛事引进，夯实产业发展基础条件

体育赛事是重要的内容源头，需要高度融合媒体产业、商业广告业、旅游业等相关产业，形成复合型体育赛事活动。大量国内外案例都凸显了赛事运营和体育传媒对推动竞赛表演业发展、加快体育产业化的重要作用。国务院颁布的《关于加快发展体育产业促进体育消费的若干意见》，以政策支持取消赛事审批和推进赛事转播权竞争，为赛事运营企业和体育传媒业带来了最佳发展和投资机遇。湖南体育及体育产业必须顺应新形势新要求，促进体育改革发展，发展本土职业赛事，引进热门赛事；发挥体育传媒的传统优势，进一步提升本土体育宣传的高度、深度和强度，创造出浓厚的体育文化氛围，为体育文化产业融合打下坚实的群众基础。

体育赛事表演业和体育健身休闲业是体育与文化产业的核心，无论品牌赛事开发还是产业园建设，都应有自身过硬的内容支撑。根据湖南体育文化产业发展的特点，应继续深化田径、羽毛球、跳水、体操、射击、举重等优势项目的市场化运营化水平。夯实产业发展基础，在这方面首先要做好省内的职业体育建设；其次要积极举办和引进赛事。在湖南省职业体育发展上，积极探索湖南省职业体育发展道路。要逐步组建足球、篮球、羽毛球、乒乓

## 第八章 凭海临风：长沙文化产业与体育产业融合发展之机

球、网球等职业俱乐部，并扶持有希望冲进全国顶级职业联赛的专业队伍，要成为这些联赛的主办地之一。引进赛事方面，积极引进和举办国内外高水平体育赛事，提升体育赛事市场开发和运作水平，提高湖南文化和经济建设的综合实力。通过主办或承办足球、篮球、羽毛球、马拉松、搏击、环中国自行车、环洞庭湖新能源汽车拉力赛等国际国内高水平赛事，培育打造若干个具有较大影响力的国际国内品牌体育赛事，积极开发冠名权、特许商品经营权、运动员肖像权、广告经营权、赛事转播权以及衍生产品，延伸体育赛事产业链。

在职业体育和赛事举办打造方面，湖南文化体育融合无疑是具有巨大的潜力的。例如，以体育赛事为主的体育传播业就是利用文化产业的平台传播优势整合体育赛事等内容资源，实现文化产业内容的创新与发展。湖南的体育文化产业已经具有很坚实的基础，要在这一方面进行突破，湖南的体育媒介要向内看，要深耕本土体育赛事和事件，要服务于省内体育产业发展，推动体育文化创意服务、广告、传媒等融合，促进体育传媒、体育广告、体育会展等相关业态的发展。利用湖南现有的优势文化产业区域优势，搭建服务全省体育文化建设和全省文化产业发展的支持平台，重点加强主流媒体（如电视、报纸等）向体育赛事表演业等相关行业的延伸，特别是向重大体育赛事的延伸，促成媒体与重大赛事的联合发展。通过多年的积累，湖南文化产业部门有着较为雄厚的文化创意人才储备，通过产业融合，可以对职业体育联赛和赛事进行文化包装、策划，提升文化品位；通过制作体育影视作品、体育文学作品，举办体育文化节庆活动等宣传、弘扬体育精神；通过广播、电影、电视、报刊、网络等媒体进行全面的报道和宣传，让全民认识、参与、热爱本省的体育活动，关心各种赛事，认同湖南的体育人文价值，提高体育认识水平，使人民群众把参与和支持湖南体育活动作为一种自觉的体育文化消费活动，从而使湖南的体育产业有广大坚实的群众基础。

## （二）创新体育业态，培育本土特色体育文化品牌

湖南具有丰富的传统本土体育资源。在开发中，首先，在加强体育非物质文化遗产保护与传承的同时，充分发挥体育物质的经济功能。根据时代特点和人们的消费需求，对体育非物质文化遗产项目进行必要的包装与改造，将其打造成特色鲜明的体育和文化品牌产品，以适应产业开发的需要。结合文化强省、旅游强省建设，大力推进体育与文化、旅游、广播电视融合发展，支持大湘西、环洞庭湖、革命老区、风景名胜区等地打造一批精品体育文化旅游路线和体育文化创意项目。可以选择娱乐性、趣味性、观赏性较强的体育非物质文化遗产项目和具有浓厚乡土气息的民俗体育项目，开发具有深厚文化底蕴的、富有民族特色和地方风情的体育文化旅游和体验活动，向体育爱好者和游客展示优秀的民俗、民间、民族体育文化，并邀请游客参与到体育活动中，亲身体验这些极具文化内涵的体育活动所带来的乐趣与感悟。例如：望城靖港是千年商贸古镇，曾经商贾云集，民俗体育活动很多。可依托其特色资源，开发春季风筝、夏季麻将、秋季斗鸡、冬季漂瓷等时令性特色民俗体育旅游项目，形成集观光、休闲、餐饮、购物、演艺、娱乐于一体的都市休憩旅游特色景区。其次，策划有丰富文化内涵的体育赛事和活动。充分利用湖南省悠久的历史文化、多样而奇绝的自然环境，策划有深厚文化底蕴的赛事和活动，将这些赛事和活动办成体育精神和文化内涵相结合的节目。在赛事和活动举办的过程中，要充分重视文化元素的挖掘和展示，例如，在衡阳开发以"寿文化"为主的五岳登山项目：开展家庭健身登山游，以"超越自我，挑战五岳"为主题的学生登山活动，推出以老年人疗养保健复身体为目的的专题旅游项目。最后，对于湖南来说，应将现有分散的旅游资源和项目整合、加工成一个主题集中的"整体产品"，挖掘它们共同的文化内涵，提炼主题，并形成有明确市场定位的湖南体育旅游形象概念。湖南体育旅游应突出其体育大省的竞技体育的"体育湘军"与"奥运冠军之乡"的体育人文资源特点，以及星城长沙的休闲、娱乐体育的特点，充分发挥湖南山、

河、湖资源的优势，将"奥运冠军之乡"与"中部休闲娱乐体育之都"的体育形象品牌传播出去，借此来增强湖南体育旅游的核心竞争优势。

## （三）建设国家级体育产业园区，打造湖南体育产业融合平台

建设湖南体育产业园，将之打造为国家级体育产业园区，以产业聚集来打造湖南体育文化产业融合平台。这个平台可以把湖南体育媒体、体育彩票、体育中介、体育赞助、体育旅游、体育装备、体育赛事和体育训练等行业聚集起来，形成湖南体育产业的"发动机"。在制度、条件一旦成熟的情况下，国家级产业园区可以走出自己的舒适圈，突破地域限制与其他区域的产业园融合发展，推动体育和文化产业跨区域融合发展，做大做强。以跨区域的产业园区为基础，打破部门分割、区域分割和行业垄断，加强区域协调，从发展湖南省"体育与文化产业融合"的全局上整合体育和文化的优势资源，并转化为规模优势，从而壮大、提升湖南省体育和文化产业融合的竞争实力。

随着体育产业与文化产业的日益发展及逐渐成熟，二者融合发展需要广阔的平台。文化产业的平台相对强大，要通过合作为体育产业提供合作平台，实现资源的共享，让体育产业逐渐步入主流的平台进而对其进行有效的宣传与推广。要促进体育自主品牌的形成与推广，形成品牌效应，并不断创新具有时代特点的运动项目，根据文化产业发展的经验，利用其发展的平台进行宣传，逐渐提高品牌知名度。文化产业与体育产业可以在诸多项目中开展合作，打造个性化、独特化的产品，满足人们的需求，带动体育产业的发展，促进文化产业的丰富。因此，体育产业园区，不仅仅是实体企业的聚集，更为重要的是以园区建设来打造湖南体育产业融合平台，将产业的聚集内化为产业的融合，形成湖南体育产业发展的新起点。

# 参考文献

[1] 姜春红. 文化与乡村旅游融合发展研究 [M]. 长春：东北师范大学出版社, 2019.

[2] 张国洪. 中国文化旅游——理论·战略·实践 [M]. 天津：南开大学出版社, 2001.

[3] 杨福泉, 邓永进. 旅游融合发展：旅游产业与文化产业 [M]. 中国环境出版集团有限公司, 2016.

[4] 尹华光. 旅游产业与文化产业融合发展研究 [M]. 北京：中国书籍出版社, 2017.

[5] 李锋. 文化产业与旅游产业的融合与创新发展研究 [M]. 北京：中国环境科学出版社, 2014.

[6] 张玉蓉, 樊信友, 郑涛. 旅游业与文化创意产业融合发展机制研究 [M]. 北京：人民交通出版社, 2017.

[7] 桑彬彬. 旅游产业与文化产业融合发展的理论分析与实证研究 [M]. 北京：中国社会科学出版社, 2014.

[8] 张俊英. 民族地区旅游产业与文化产业融合动力机制与模式研究 [M]. 北京：中国旅游出版社, 2016.

[9] 张洁梅. 现代制造业与生产性服务业互动融合发展研究——以河南省为例 [M]. 北京：中国经济出版社, 2012.

[10] 夏杰长. 高新技术与现代服务业融合发展研究 [M]. 北京：经济管理出版社, 2008.

[11] 王子龙. 中国装备制造业系统演化与评价研究 [M]. 北京：科学出版社，2007.

[12] 王国平. 产业升级论 [M]. 上海：上海人民出版社，2015.

[13] 张洪生，金巍. 中国文化金融合作与创新 [M]. 北京：中国传媒大学出版社，2015.

[14] 文化和旅游部原（文化部）文化产业司. 文化金融合作创新案例汇编 [M]. 北京：文化艺术出版社，2014.

[15] 乔桂明. 文化产业的金融支持与服务创新 [M]. 苏州：苏州大学出版社，2013.

[16] 范周. 言之有范 转型时期的文化思考 [M]. 第4卷. 北京：知识产权出版社，2017.

[17] 徐丹丹等. 北京文化创意产业发展的金融支持研究 [M]. 北京：经济科学出版社，2011.

[18] 李颖，肖艳旻. 中国文化产业金融论 [M]. 北京：经济管理出版社，2013.

[19] 李文群. 中国文化产业发展的财政与金融政策研究 [M]. 北京：中国财政经济出版社，2009.

[20] 辛勤颖. 和而不同：中国传统文化与工业产品设计融合性研究 [M]. 成都：电子科技大学出版社，2019.

[21] 刘金林，聂亚珍. 地方工业与文化旅游模式研究——以黄石港区域文化旅游中心的创建为例 [M]. 北京：人民日报出版社，2018.

[22] 葛非，付海晏. 文化与科技融合初探 [M]. 武汉：华中师范大学出版社，2014.

[23] 贾佳，王良杰，李珠峰. 文化与科技融合产业分类——以北京海淀区为例 [M]. 北京：社会科学文献出版社.

[24] 欧阳友权. 湖南文化品牌40强 [M]. 北京：经济日报出版社，2014.

[25] 周丽. 文化创意产业与三次产业的融合发展研究 基于广东肇庆的

实践探索 [M]. 北京：企业管理出版社, 2014.

[26] 蒋莉莉. 文化产业融合发展路径研究 [M]. 上海：东方出版社, 2016.

[27] 钟晟. 旅游产业与文化产业融合发展研究——以武当山为例. [M]. 北京：社会科学出版社, 2015.

[28] 高维岭, 崔立新, 成守光. 安徽省体育与文化产业融合现状及发展对策研究 [M]. 合肥：合肥工业大学出版社, 2015.

[29] 孙德林, 吕品, 罗家鑫, 孙雅琴, 李丽珍. 互联网＋文化产业跨界融合多样化研究——基于信息化创业促进文化多样化发展视域 [M]. 北京：经济管理出版社, 2017.

[30] 梁学成. 文化旅游产业与城市建设融合发展模式研究 [M]. 北京：中国社会科学出版社, 2019.

[31] 傅才武, 许启彤. 文化创意、产业融合和城市发展：2014年长江文化创意设计与相关产业融合发展学术研讨会文集 [M]. 北京：中国社会科学出版社, 2015.

[32] 周志平. 媒体融合背景下数字内容产业创新发展研究 [M]. 杭州：浙江工商大学出版社, 2015.

[33] 杨闯文, 侯百川. 文化创意＋动漫游戏产业融合发展 [M]. 北京：知识产权出版社, 2019.

[34] 湖南文化创意产业研究中心. 湖南文化创意产业发展研究报告（2012）[M]. 长沙：湖南人民出版社, 2013.

[35] 湖南文化创意产业研究中心. 湖南文化创意产业发展研究报告（2014）[M]. 长沙：湖南人民出版社, 2015.

[36] 湖南文化创意产业研究中心. 湖南文化创意产业发展研究报告（2015）[M]. 长沙：湖南人民出版社, 2016.

[37] 《文化创意产业》编委会. 文化创意产业（第2辑）[M]. 海口：海南出版社, 2016.

[38] 中共长沙市委宣传部, 长沙市社会科学院. 长沙文化发展报告蓝皮

书（2013）[M]．长沙：湖南人民出版社，2013．

[39] 中共长沙市委宣传部，长沙市社会科学院．长沙文化发展报告蓝皮书（2014）[M]．长沙：湖南人民出版社，2014．